국·가·공·인
ADP
Advanced Data Analytics
Professional

KB128290

데이터분석
자격검정
실전문제

데이터 이해 · 데이터 분석 기획 · 데이터 분석

Kdata 한국데이터산업진흥원

목차

데이터분석

Professional · Semi-Professional

데이터분석
자격검정 안내

※ 데이터분석 자격검정센터 홈페이지: https://www.dataq.or.kr/

데이터분석 전문가란

1 데이터분석 전문가란

데이터분석 전문가란 데이터 이해 및 처리 기술에 대한 기본지식을 바탕으로 데이터분석 기획, 데이터분석, 데이터 시각화 업무를 수행하고 이를 통해 프로세스 혁신 및 마케팅 전략 결정 등의 과학적 의사결정을 지원하는 직무를 수행하는 전문가를 말합니다.

2 데이터분석 전문가 자격검정

데이터분석 전문가 자격검정은 데이터 이해를 바탕으로 데이터 처리 기술 이해, 데이터분석 기획, 데이터 분석, 데이터 시각화 능력을 평가하며 영문으로는 ADP(Advanced Data Analytics Professional)라 표기 한다.

3 데이터분석 준전문가 자격검정

데이터분석 준전문가 자격검정은 데이터 이해를 바탕으로 데이터분석 기획, 데이터분석 능력을 평가하며 영문으로는 ADsP(Advanced Data Analytics semi-Professional)라 표기한다.

데이터분석 전문가 자격검정의 필요성

오늘날 데이터 처리 및 분석을 통한 데이터 활용은 생산성 향상, 고부가가치 및 고용 창출 등 국가 경제적 가치 창출의 핵심동력으로 급부상하고 있다.

특히, 과학적 의사 결정의 토대가 되는 데이터분석은 기업과 국가의 생산성 향상에 기여하는 혁신 도구로 각광을 받고 있다. 기업체들은 자사의 경영 전략에 데이터분석을 도입하여 수익 증대를 실현할 수 있으며, 데이터분석을 공공영역에 도입할 경우에는 높은 사회적·경제적 효과가 발생할 것으로 예상된다. 이러한 데이터분석의 가능성을 실현하기 위해서는 데이터의 다각적 분석을 통해 조직의 전략방향을 제시하는 우수한 역량을 갖춘 데이터분석 전문가의 확보가 필수적이다.

미국과 유럽을 비롯한 세계 각국은 데이터분석 시장 선점을 위해 데이터분석 전문가 확보와 양성에 집중하고 있는 실정이다. 반면, 국내 상황은 데이터 전문가 인력양성 체계 미흡 등으로 데이터 관련 신규 비즈니스의 고부가가치 창출 등 연계 효과 저하가 우려되며, 사회 전반의 데이터 활용에 필수적인 데이터분석 능력을 객관적으로 검증, 공공·민간 분야의 실무형 데이터분석 전문가 양성이 필요한 시점이다.

이에 한국데이터산업진흥원은 전문인력의 실질적 수요자인 사업주를 대변하여 데이터분석 전문가 자격 검정을 실시하고자 한다. 이를 통해 산업 현장에 부응하는 민간자격을 부여하고, 자격취득자에게 직무 수행에 대한 자신감 고취와 함께 보다 나은 직무 수행 기회 제공 및 사회적 지위의 향상은 물론 기업의 국제 경쟁력 제고에도 기여할 것이다.

데이터분석 전문가 직무

직무	수행 내용
데이터 기획	비즈니스 목표 달성을 위해 내부 업무 프로세스를 기반으로 다양한 분석기회를 발굴하여 분석의 목표를 정의하고, 분석대상 도출 및 분석 결과 활용 시나리오를 정의하여 분석과제를 체계화 및 구체화하는 빅데이터분석과제 정의, 분석로드맵 수립, 성과 관리 등을 수행한다.
데이터 분석	분석에 대한 요건을 구체적으로 도출하고, 분석과정을 설계하고, 요건을 실무 담당자와 합의 하는 요건정의, 모델링, 검증 및 테스트, 적용 등을 수행한다.
데이터 시각화	다양한 데이터들을 대상으로 어떤 요소를 시각화 해야 하는지 정보 구조를 분석하며 어떤 형태의 시각화 모델이 적합한지 시각화에 대한 요건을 정의하고 시나리오를 개발하는 시각화 기획, 모델링, 디자인, 구축, 배포 및 유지보수 등을 수행한다.

자격검정 과목 안내

1 과목 개요

구분	시험과목	과목별 세부 항목	전문가	준전문가
1과목	데이터 이해	1. 데이터의 이해 2. 데이터의 가치와 미래 3. 가치 창조를 위한 데이터 사이언스와 전략 인사이트	○	○
2과목	데이터 처리 기술 이해	1. 데이터 처리 프로세스 2. 데이터 처리 기술	○	X
3과목	데이터 분석 기획	1. 데이터 분석 기획의 이해 2. 분석 마스터 플랜	○	○
4과목	데이터 분석	1. R기초와 데이터 마트 2. 통계 분석 3. 정형 데이터 마이닝	○	○
4과목	데이터 분석	4. 비정형 데이터 마이닝	○	X
5과목	데이터 시각화	1. 시각화 인사이트 프로세스 2. 시각화 디자인 3. 시각화 구현	○	X

2 출제 문항 수 및 배점

○ 데이터분석 전문가 필기시험

구분	과목명	문항 수		배점		시험시간
		객관식	서술형	객관식	서술형	
필기	1. 데이터 이해	10	1	80 (각 1점)	20	180분
	2. 데이터 처리 기술 이해	10				
	3. 데이터 분석 기획	10				
	4. 데이터 분석	40				
	5. 데이터 시각화	10				
	계	80	1	100		

○ 데이터분석 전문가 실기시험

구분	과목명	배점	시험시간
실기	데이터분석 실무	100	240분

* 실기시험: 필기시험 합격자 발표일을 기준으로 2년 내 시행되는 실기시험 응시 가능

○ 데이터분석 준전문가 필기시험

구분	과목명	문항 수		배점		시험시간
		객관식	단답형	객관식	단답형	
필기	1. 데이터 이해	8	2	80 (각 2점)	20 (각 2점)	90분
	2. 데이터 분석 기획	8	2			
	3. 데이터 분석	24	6			
	계	40	10	100		

3 합격 기준

구분		합격기준	과락기준
전문가	필기 합격	100점 만점 기준 70점 이상	과목별 100점 만점 기준 40점 미만
	실기 합격	100점 만점 기준 75점 이상	
	최종 합격	응시자격심의 서류 통과자	
준전문가		100점 만점 기준 60점 이상	과목별 100점 만점 기준 40점 미만

자격검정 응시 안내

1 응시 자격

구분		응시자격
전문가	학력/경력기준	박사학위를 취득한자
		석사학위를 취득하고 해당 분야의 실무경력 1년 이상인자
		학사학위를 취득하고 해당 분야의 실무경력 3년 이상인자
		전문대학 졸업 후 해당 분야의 실무경력 6년 이상인자
		고등학교 졸업 후 해당 분야의 실무경력 9년 이상인자
	자격보유기준	데이터분석 준전문가 자격을 취득한 자
준전문가		제한 없음

2 응시료

구분	데이터분석 전문가	데이터분석 준전문가
필기	80,000원	50,000원
실기	70,000원	-

3 자격 취득 절차

◈ 데이터분석 전문가

| **1단계** 응시자격 확인 | → | **2단계** 수험원서 접수 | → | **3단계** 수험표 발급 | → | **4단계** 검정시험 응시 |

| **8단계** 최종합격자 공고 및 확인 | ← | **7단계** 증빙서류 심사 및 최종합격자 선정 | ← | **6단계** 증빙서류 제출 | ← | **5단계** 검정시험 합격여부 확인 |

◈ 데이터분석 준전문가

| **2단계** 수험원서 접수 | → | **3단계** 수험표 발급 | → | **4단계** 검정시험 응시 |

| **8단계** 최종합격자 공고 및 확인 | ← | **5단계** 검정시험 합격여부 확인 |

1단계, 응시자격 확인

데이터분석 전문가 응시자격을 확인한다. 데이터분석 준전문가는 응시자격 제한 요건이 없다.

2단계, 수험원서 접수

1) 수험원서의 작성 및 제출

검정센터 홈페이지 [원서접수신청]을 통해 작성·제출하면 된다. 우편 및 전화를 통해서는 수험원서 접수가 불가하다.[https://www.dataq.or.kr/]

2) 검정수수료 납부

신용카드로 결제하거나 계좌이체로 검정수수료를 납부한다.

3) 접수증 확인 및 출력

3단계, 수험표 발급

수험표는 검정센터에서 공시한 날짜부터 홈페이지를 통해 확인·출력할 수 있다.

4단계, 검정시험 응시

1, 2, 3단계가 완료된 자격검정시험 응시자는 검정센터가 공고하는 날짜 및 장소에서 데이터분석 전문가/준전문가 자격검정시험을 치르게 된다.

5단계, 검정시험 합격 여부 확인

검정센터 홈페이지를 통해 당회차 검정시험에 대한 합격 및 불합격 여부를 확인할 수 있다. 확인결과 데이터분석 전문가 자격검정시험 합격자는 검정센터에서 합격예정자로 분류되고, 데이터분석 준전문가 자격검정시험 합격자는 최종합격자로 분류된다.

6단계, 증빙서류 제출

증빙서류 제출은 데이터분석 전문가 자격검정 시험을 통한 합격예정자에 한해 제출하는 것을 원칙으로 한다. 따라서 '5단계, 검정시험 합격 여부 확인'의 결과로 불합격 처리된 응시자는 이 단계 이하로는 해당되지 않는다.
단, 데이터분석 준전문가 최종합격자는 증빙서류를 제출할 필요가 없다.

7단계, 증빙서류 심사 및 최종합격자 선정

접수된 서류는 검정센터에서 서류 누락 및 사실 진위 여부를 판별하며, 이를 통과한 합격예정자는 최종합격자로 분류된다.
단, 데이터분석 준전문가 최종합격자는 증빙서류 심사를 별도로 하지 않는다.

8단계, 최종합격자 공고 및 확인

최종합격자는 검정센터가 공시한 최종합격자 발표일에 검정센터 홈페이지를 통해 발표되며, 데이터분석 전문가/준전문가 자격증은 '시험결과 〉 자격증 출력' 메뉴를 통해 출력할 수 있다.

데이터분석

Professional · Semi-Professional

과목 : 데이터 이해

1 다음 중 빅데이터 분석에 경제성을 제공해 준 결정적인 기술로 가장 적절한 것은?

① 텍스트 마이닝
② 클라우드 컴퓨팅
③ 저장장치 비용의 지속적인 하락
④ 스마트폰의 급속한 확산

2 다음 중 빅데이터의 가치 산정이 어려운 이유를 나타내는 사례로 가장 부적절한 것은?

① 구글 검색에서 나타나는 것과 같은 데이터의 반복적 재사용
② 전기차 배터리 정보를 충전소 최적지 선정과 같은 2차적 목적에 활용
③ 독자의 전자책 독서 순서 정보가 저자의 글쓰기 방식에 영향을 주는 것
④ 은행 대출심사 알고리즘 작동 원리 이해의 어려움

3 다음 중 빅데이터 분석의 특성에 대한 설명 중 가장 부적절한 것은?

① 더 많은 정보가 더 많은 가치를 창출할 수 있는 것은 아니다.
② 비즈니스의 핵심에 대해 보다 객관적이고 종합적인 통찰력을 줄 수 있는 데이터를 찾는 것이 중요하다.
③ 빅데이터 과제와 관련된 주된 걸림돌은 비용이 아니다.
④ 데이터의 크기가 커질수록 분석을 많이 사용하는 것이 중요해진다.

4 다음 중 데이터 분석에 기초한 가치 창출과 관련된 설명으로 가장 부적절한 것은?

① 핵심적인 비즈니스 이슈에 답을 주는 분석은 기업의 경쟁전략과 밀접하게 연관된다.
② 복잡하고 다양한 데이터를 최적화 하는 능력이 최고의 가치를 창출하는 가장 중요한 기준이다.
③ 전략적 분석과 통찰력의 창출은 빅데이터 프로젝트에서 핵심적인 역할을 한다.
④ 기존 성과를 유지하고 업계를 따라잡는 것이 전략적 가치 기반 분석의 가장 중요한 목표는 아니다.

5 다음 중 비즈니스에 분석을 적용할 때 효과적인 분석 적용 대상에 대한 검토와 관련된 설명으로 가장 부적절한 것은?

① 사업적 잠재력만이 아니라 데이터 및 필요한 자원이 이용 가능한지를 고려해 대상을 택한다.
② 조직이 분석을 배우는 동안에는 분석의 노력을 가능한 다양한 대상에 기울이도록 한다.
③ 업계 상황에 한정해서 바라보지 말고 더 넓은 시야에서 차별화를 고려한다.
④ 무엇이 가능한지 발견하기 위한 실험을 망설이지 말고 분석기회에 대한 직관을 무시하지 않는다.

6 데이터 사이언티스트가 효과적인 분석 모델 개발을 위해 고려해야 하는 사항으로 가장 부적절한 것은?

① 분석모델이 예측할 수 없는 위험을 살피기 위해 현실세계를 돌아보고 분석을 경험과 세상에 대한 통찰력과 함께 활용한다.
② 가정들과 현실의 불일치에 대해 끊임없이 고찰하고 모델의 능력에 대해 항상 의구심을 가진다.
③ 분석의 객관성에 의문을 제기하고 분석 모델에 포함된 가정과 해석의 개입 등의 한계를 고려한다.
④ 넓은 시각에서 모델 범위 바깥의 요인들을 판단할 수 있도록 가능한 한 많은 과거 상황 데이터를 모델에 포함한다.

7 분석의 전형적인 의사결정 오류를 로직 오류와 프로세스 오류로 나눠 보았을 때, 각 오류에 대한 설명으로 가장 부적절한 것은?

① 부정확한 가정을 하고 테스트를 하지 않는 것은 로직 오류이다.
② 결정에서 분석과 통찰력을 고려하지 않는 것은 프로세스 오류이다.
③ 데이터 수집이나 분석이 너무 늦어 사용할 수 없게 되는 것은 로직 오류이다.
④ 대안을 진지하게 고려하지 않는 것은 프로세스 오류이다.

8 아래 내용은 데이터, 정보, 지식의 차이점을 예시로 설명한 것이다. 각각의 용어와 예시가 적절하게 연결된 것은?

아 래

(가) A마트는 100원, B마트는 200원에 연필을 판매한다.
(나) A마트의 연필가격이 더 싸다.
(다) 상대적으로 저렴한 A마트에서 연필을 사야겠다.
(라) A마트의 다른 상품도 B마트보다 저렴할 것이다.

---

① 데이터-(가), 정보-(나), 지식-(다)
② 데이터-(가), 정보-(나), 지식-(라)
③ 데이터-(가), 정보-(다), 지식-(라)
④ 데이터-(가), 정보-(라), 지식-(다)

9 다음 중 기업내부 데이터베이스의 활용과 가장 관련이 없는 것은?

① CRM(Customer Relationship Management)
② ERP(Enterprise Resource Planning)
③ ITS(Intelligent Transport Systems)
④ KMS(Knowledge Management Systems)

10 다음 중 빅데이터가 만들어 내는 변화와 가장 거리가 먼 것은?

① 가치가 있을 것이라고 예상되는 특정한 정보만 모아서 처리하는 것이 아니라 최대한 많은 데이터를 모으고 그 데이터를 다양한 방식으로 조합해 숨은 정보를 찾아내는 방식이 중요해진다.
② 데이터의 규모가 증가함에 따라 사소한 몇 개의 오류 데이터는 분석결과에 영향을 미치지 않기 때문에 데이터세트에 포함하여 분석해도 상관없는 경우가 많아진다.
③ 인과관계의 규명 없이 상관관계 분석결과만으로도 인사이트를 얻고 이를 바탕으로 수익을 창출할 수 있는 기회가 점차 늘어나고 있다.
④ 데이터의 양이 증가하고 유형이 복잡해짐에 따라 수많은 데이터 중에서 분석에 필요한 데이터를 선정하기 위한 정교한 표본조사 기법의 중요성이 대두되고 있다.

※ 숫자, 영문 등의 맞춤법을 준수하여 작성하여 주십시오. (부분점수 없음)

단답1 아래 ㉠에 들어갈 내용을 작성하시오.

> **아 래**
>
> IoT(Internet of Things) 시대가 되면 수많은 물건에 센서가 부착되어 데이터가 끊임없이 생산된다. 이 때 빅데이터 사업자들은 IoT를 통해 생산된 데이터를 저장해 두고 이 데이터를 3rd party에 API(Application Programing Interface)를 통해 공개하여 활용하도록 할 수 있다. 이러한 기능을 빅데이터의 (㉠) 기능이라고 한다.

단답2 아래 제시된 데이터양의 표시 단위를 작은 것부터 큰 것의 순서로 나열하시오.

> **아 래**
>
> 가. 엑사바이트(Exabyte, EB)
> 나. 페타바이트(Pettabyte, PB)
> 다. 요타바이트(Yottabyte, YB)
> 라. 제타바이트(Zettabyte, ZB)

11 아래는 빅데이터로 달성할 수 있는 경영혁신의 단계를 나열한 것이다. 빅데이터 경영혁신의 시작 단계에서 궁극적인 단계까지 바르게 나열된 것은?

> **아 래**
>
> (가) 생산성 향상
> (나) 발견에 의한 문제해결
> (다) 의사결정 향상
> (라) 새로운 고객가치와 비즈니스 창출

① (가) → (나) → (다) → (라)
② (나) → (다) → (라) → (가)
③ (다) → (라) → (가) → (나)
④ (라) → (가) → (나) → (다)

12 다음 중 미국 연방거래위원회(FTC)가 제시한 '소비자 프라이버시 보호 3대 권고사항'에 해당되지 않는 것은?

① 상품 개발 단계에서부터 소비자 프라이버시 보호 방안을 적용
② 소비자 행동 예측 알고리즘에 대한 이해당사자의 접근권 보장
③ 소비자에게 수집된 정보 내용 공개 및 접근권 부여
④ 소비자에게 공유 정보 선택 옵션 제공

13 데이터 사이언티스트가 갖춰야 할 역량은 빅데이터의 처리 및 분석에 필요한 이론적 지식과 기술적 숙련과 관련된 능력인 하드 스킬(Hard Skill)과 데이터 속에 숨겨진 가치를 발견하고 새로운 발전 기회를 만들어 내기 위한 능력인 소프트 스킬(Soft Skill)로 나누어진다. 다음 중 소프트 스킬에 가장 가까운 것은?

① Machine Learning
② Statistics Modeling
③ Data Visualization
④ Distributed Computing

14 다음 중 데이터에 대한 설명으로 가장 부적절한 것은?

① 1바이트는 0에서 255까지의 정수 값을 표현할 수 있는 데이터의 크기를 의미한다.
② 영어 한 글자는 1바이트로 저장할 수 있지만 한글 한 글자는 2바이트로 저장하는 것이 일반적이다.
③ 수치 데이터는 용량이 증가하더라도 텍스트 데이터에 비해 DBMS에서 관리하기 용이하다.
④ 설문조사 데이터는 그 형태와 형식이 정해져 있지 않아 비정형 데이터라고 한다.

15 데이터웨어하우스는 기업 내의 의사결정지원 어플리케이션에 정보 기반을 제공하는 하나의 통합된 데이터 저장 공간을 말한다. 다음 중 데이터웨어하우스의 고유한 특성이 아닌 것은?

① 데이터웨어하우스에서는 데이터의 지속적 갱신에 따른 데이터의 무결성 유지가 무엇보다 중요하다.
② 데이터웨어하우스의 데이터들은 전사적 차원에서 일관된 형식으로 정의된다.
③ 데이터웨어하우스에서 관리되는 데이터들은 시간의 흐름에 따라 변화하는 값을 저장한다.
④ 데이터웨어하우스에서는 특정 주제에 따라 데이터들이 분류, 저장, 관리된다.

16 다음 중 빅데이터로 인한 변화방향을 기술한 것으로 가장 부적절한 것은?

① 필요한 정보만을 수집하던 시대에서 가능한 많은 정보를 수집한 후 용도를 찾아내는 시대로의 변화
② 단순한 상관관계보다 이론적 인과관계를 중시하는 방향으로 변화
③ 표본조사 보다 전수조사가 보편화되는 시대로의 변화
④ 데이터의 질보다 양을 중시하는 시대로의 변화

17 다음 중 빅데이터의 출현 배경과 가장 거리가 먼 것은?

① 하둡과 같은 분산처리 기술의 발전
② M2M, IoT과 같은 통신 기술의 발전
③ 의료정보 등 공공데이터의 개방 가속화
④ 트위터, 페이스북 등 SNS의 급격한 확산

18 구글 번역 서비스에서 활용된 빅데이터의 특성으로 가장 적절한 것은?

① Volume
② Variety
③ Velocity
④ Veracity

19 빅데이터 시대가 도래하면서 발생될 수 있는 부정적인 측면의 하나로 "책임원칙 훼손"의 이슈가 있다. 다음 중 이에 대한 사례로 가장 적절한 것은?

① 범죄 예측 프로그램에 의해 범행 전에 체포
② 빅브라더가 개인의 일상생활 전반을 감시
③ 여행 사실을 트윗한 사람의 집에 강도가 침입
④ 검색엔진의 검색결과의 차별적 누락에 따른 피해 발생

20 다음 중 빅데이터에 관한 설명으로 가장 적절한 것은?

① 빅데이터 분석을 통한 가치창출 여부는 데이터의 규모에 의해 크게 좌우된다.
② 비즈니스 핵심에 대해 보다 객관적이고 종합적인 통찰을 줄 수 있는 데이터를 확보해야 한다.
③ 빅데이터 프로젝트를 추진하는데 있어 가장 큰 걸림돌은 막대한 소요비용이다.
④ 성과가 높은 기업의 대부분은 폭넓은 가치 분석적 통찰력을 갖추고 있는 것으로 밝혀졌다.

※ 숫자, 영문 등의 맞춤법을 준수하여 작성하여 주십시오. (부분점수 없음)

단답3 아래는 데이터의 이용과 분석에 대한 시대별 용어와 그것의 의미를 서로 연결한 것이다. ㉠에 들어갈 적절한 용어는?

아 래

O L A P – 다차원의 데이터를 대화식으로 분석하기 위한 소프트웨어
(㉠   ) – 데이터 기반 의사결정을 지원하기 위한 리포트 중심의 도구
Analytics – 의사결정을 위한 통계적이고 수학적인 분석에 초점을 둔 기법

단답4 아래에서 언급한 이것은 무엇인가?

아 래

이것은 컴퓨터공학, 통계학, 수학 등의 학문적 지식은 물론 시각화 및 해커로서의 소양에 이르는 관련 분야의 전문지식을 종합한 학문을 일컫는다. 기존의 통계학과 이것이 다른 점은 총체적 접근법을 사용한다는 점이다.

---

21 다음 중 정량적 데이터(Quantitative data)의 예로서 부적절한 것은?

① 직업
② 강우량
③ 영업이익
④ GDP 증가율

22 일반적으로 지적 및 지식 기반 자산은 형식지(Explicit knowledge)와 암묵지(Tacit knowledge)로 나누어진다. 다음 중 암묵지의 예로서 부적절한 것은?

① 고려청자를 만드는 비법
② 간장의 맛을 결정한다는 시어머니의 손맛
③ 연봉이 수억에 달한다는 보험설계사의 영업비밀
④ 회계규칙에 입각하여 대차대조표를 작성하는데 요구되는 지식

23 다음 중 '최대의 시청률을 얻으려면 어떤 프로그램을 어떤 시간대에 방송해야 하는가?'라는 문제의 해결을 위해 사용 될 분석방법으로 가장 적절한 것은?

① 소셜 네트워크 분석(Social network analysis)
② 유전 알고리즘(Genetic algorithms)
③ 기계 학습(Machine learning)
④ 유형 분석(Classification tree analysis)

24 다음 중 비정형데이터로 분류하기에 가장 부적절한 것은?

① IE 웹브라우저로 Gmarket에 접속한 로그기록
② Naver의 검색창에 입력한 키워드
③ Facebook 친구에게 게시한 댓글
④ Galaxy S5로 찍은 셀카 사진

25 다음 중 빅데이터 분석의 특성에 대한 설명으로 가장 부적절한 것은?

① 더 많은 정보가 더 많은 가치를 창출할 수 있는 것은 아니다
② 비즈니스의 핵심에 대해 보다 객관적이고 종합적인 통찰력을 줄 수 있는 데이터를 찾는 것이 중요하다.
③ 빅데이터 과제와 관련된 주된 걸림돌은 비용이 아니다.
④ 데이터의 크기가 커질수록 분석을 많이 사용하는 것이 경쟁우위를 가져다주는 원천이 된다.

26 빅데이터 시대에 가치 패러다임이 변화하는 단계를 올바르게 나열한 것은?

① 연결(Connection) → 디지털화(Digitalization) → 에이전시(Agency)
② 디지털화(Digitalization) → 연결(Connection) → 에이전시(Agency)
③ 에이전시(Agency) → 연결(Connection) → 디지털화(Digitalization)
④ 연결(Connection) → 에이전시(Agency) → 디지털화(Digitalization)

27 다음 중 데이터베이스의 특징에 대한 설명으로 가장 부적절한 것은?

① 데이터베이스는 통합된 데이터(integrated data)이다.
② 데이터베이스는 다양한 방법으로 필요한 정보를 검색할 수 있는 검색가능성을 가진다.
③ 데이터베이스는 여러 사용자가 서로 단일한 목적으로 데이터를 공동으로 이용할 수 있도록 구성되어야 한다.
④ 데이터베이스는 변화되는 데이터로 데이터의 삽입, 삭제, 갱신에도 항상 현재의 정확한 데이터를 유지해야 한다.

28 다음 중 기업내부 데이터베이스에 대한 설명으로 가장 부적절한 것은?

① 2000년대 들어서면서 기업 DB구축의 화두는 CRM과 SCM에서 경영정보시스템(MIS)과 ERP로 바뀌었다.
② '실시간 기업'은 기업의 비즈니스 프로세스를 투명하고 민첩하게 유지하여 환경 변화에 따른 적응 속도를 최대화하여 지연시간을 없애는 정보화 전략이다.
③ 2000년대 들어 금융부문에도 DW를 적극적으로 도입하여 관련 DB마케팅을 증대시키기 위한 노력이 가시화되었다.
④ 제조부문은 데이터베이스 기술의 가장 중요한 적용분야로 부품 테이블이나 재고관리 등의 영역에서 데이터베이스 활용이 중점을 이루다가, 부품의 설계, 제조, 유통 전 공정을 포함하는 범위로 확대되었다.

29 아래와 같은 SQL 문장을 사용할 때, 다음 중 출력되는 결과로 옳은 것은?

> **아 래**
>
> ```
> SELECT CUSTOMER_NAME 고객명, E_CUSTOMER_NAME 고객영문명
> FROM CUSTOMER
> WHERE E_CUSTOMER_NAME LIKE '_A%';
> ```

① 영문명이 A로 시작하는 고객들의 이름
② 영문명의 두 번째 문자가 A인 고객들의 이름
③ 영문명이 A나 a로 시작하는 고객들의 이름
④ 위치에 상관없이 영문명에 A를 포함하는 고객들의 이름

30 아래 SQL 명령 중 DML(Data Manipulation Language)에 해당하는 항목을 모두 나열한 것은?

아 래

(A) DELETE
(B) INSERT
(C) SELECT
(D) UPDATE
(E) CREATE

① (A), (B)
② (A), (B), (C)
③ (A), (B), (C), (D)
④ (A), (B), (C), (D), (E)

※ 숫자, 영문 등의 맞춤법을 준수하여 작성하여 주십시오. (부분점수 없음)

단답5 아래 ㉠에 들어갈 말로 적절한 것은?

아 래

빅데이터가 기업에 주는 영향으로는 혁신 촉진, 경쟁력 제고, 그리고 (㉠) 향상을 들 수 있다.

단답6 아래 (㉠) 안에 들어갈 용어를 작성하시오.

아 래

(㉠)은(는) 데이터베이스의 구조와 제약조건에 관한 전반적인 명세(Specification)를 의미하는 것으로서, 데이터베이스를 구성하는 데이터 개체(Entity), 속성(Attribute), 관계(Relationship) 및 데이터 조작 시 데이터 값들이 갖는 제약 조건 등에 관해 전반적으로 정의한다.

31 아래는 용어와 의미를 서로 연결한 것이다. 다음 중 용어-의미가 잘못 연결된 것을 모두 나열한 것은?

아 래

(A) OLTP   - 다차원의 데이터를 대화식으로 분석하기 위한 소프트웨어
(B) Business Intelligence - 경영 의사결정을 위한 통계적이고 수학적인 분석에 초점을 둔 기법
(C) Business Analytics   - 데이터 기반 의사결정을 지원하기 위한 리포트 중심의 도구
(D) Data Mining   - 대용량 데이터로부터 의미 있는 관계, 규칙, 패턴을 찾는 과정

---

① (A)
② (A), (B)
③ (A), (B), (C)
④ (A), (B), (C), (D)

32 다음 중 일반적으로 통용되고 있는 빅데이터의 정의와 가장 거리가 먼 것은 무엇인가?

① 빅데이터는 일반적인 데이터베이스 소프트웨어로 저장, 관리, 분석할 수 있는 범위를 초과하는 규모의 데이터다.
② 빅데이터는 다양한 종류의 대규모 데이터로부터 저렴한 비용으로 가치를 추출하고 데이터의 초고속 수집·발굴·분석을 지원하도록 고안된 차세대 기술 및 아키텍처다.
③ 빅데이터는 데이터의 양(Volume), 데이터 유형과 소스 측면의 다양성(Variety), 데이터 수집과 처리 측면에서 속도(Velocity)가 급격히 증가하면서 나타난 현상이다.
④ 빅데이터는 기존의 작은 데이터 처리 분석으로는 얻을 수 없었던 통찰과 가치를 하둡(Hadoop)을 기반으로 하는 대용량 분산처리 기술을 통해 창출하는 새로운 방식이다.

33 다음 중 구글의 Ngram Viewer는 빅데이터의 어떤 기능을 보여주는 사례라고 할 수 있는가?

① 현미경
② 21세기의 오일(oil)
③ 차세대 산업혁명의 에너지원
④ 플랫폼

34 다음 중 빅데이터의 위기요인 통제를 위해 논의되고 있는 방안에 대한 설명으로 가장 부적절한 것은?

① 개인정보 활용에 대한 동의제를 책임제로 전환하는 것은 책임원칙 훼손 위기에 대한 통제 방안으로 효과적일 수 있으며 개인정보 사용자가 적극적인 보호 장치를 강구하게 하는 효과가 기대된다.
② 개인정보의 가치가 증가하고 기술발전으로 사생활침해 가능성도 함께 증가하고 있기 때문에 개인정보 활용에 대한 가이드라인 제정에 대한 요구가 급증하고 있다.
③ 데이터 오용의 위기 요소에 대한 대응책으로 알고리즘에 대한 접근권 보장이 필요하며 알고리즈미스트(algorithmist)의 필요성도 증대되고 있다.
④ 특정인이 채용이나 대출, 신용카드 발급 여부 결정 등에서 예측 자료에 의해 불이익을 당할 가능성을 최소화하는 장치를 마련하는 것이 필요하다.

35 빅데이터의 시대가 도래함에 따라 CRM(Customer Relationship Management) 환경이 바뀌고 있다. 다음 중 이와 관련된 설명으로 옳지 않은 것은 무엇인가?

① 다양한 채널로 CRM 수행이 가능하게 되었다.
② CRM의 목적과 방법이 변화하고 있다.
③ 기업과 고객 간 양방향 소통이 가능한 서비스 플랫폼이 활성화되고 있다.
④ 실시간으로 고객 트렌드를 파악할 수 있게 되었다.

36 다음 중 전략적 통찰력을 얻기 위해 분석을 사용하는 방법으로 가장 부적절한 것을 2개 고르시오.

① 경영진의 직관적 결정을 뒷받침하기 위해 분석을 사용한다.
② 비즈니스의 핵심가치와 관련된 분석 프레임워크와 평가지표를 개발하여 사용한다.
③ 사업 상황을 확인하기 위해 업계 내부의 문제들에 집중하여 분석을 사용한다.
④ 분석이 경쟁의 본질을 제대로 바라볼 수 있도록 큰 그림을 그린다.

37 데이터(data)와 정보(information)의 차이를 구분하는 것은 중요하다. 다음 중 정보에 대한 예로 가장 부적절한 것은?

① 평균 구매액
② 주문수량
③ 베스트셀러
④ 우량고객

38 다음 중 데이터 분석 테크닉에 대한 설명 중 가장 부적절한 것은?

① 개인의 신용도 평가에 가장 많이 활용되는 것은 연관 규칙 학습이다.
② 기계 학습은 대규모 데이터를 처리 분석할 때 상당한 분석 인프라와 많은 시간이 소요될 수 있다.
③ 한국어의 경우 그 언어적 특성으로 인해 감정 분석에 상대적으로 어려운 측면이 있다.
④ 소셜 네트워크 분석은 최근 핀테크 기업에서 대출을 제공할 때 활용되고 있다.

39 다음 중 뛰어난 데이터 사이언티스트에 대한 설명으로 가장 적절한 것은?

① 통계학에 대한 이론적 지식과 최적의 분석 설계 노하우를 축적하는 것이 가장 중요하다.
② 정량 분석이라는 과학과 인문학적 통찰에 근거한 합리적 추론을 조합한다.
③ 분석 결과를 인간의 해석이 개입하지 않도록 객관적으로 사용한다.
④ 분석에 현실이 개입하지 않도록 최대한 긍정적인 가정과 모델들에 기초한다.

40 사용자와 데이터베이스 사이에서 사용자의 요구에 따라 정보를 처리해주고 데이터베이스를 관리해주는 소프트웨어는?

① DBMS
② Data Dictionary
③ SQL
④ ERD

※ 숫자, 영문 등의 맞춤법을 준수하여 작성하여 주십시오. (부분점수 없음)

단답7 아래에서 언급한 이것은 무엇인가?

> **아 래**
>
> 이것은 데이터에 포함된 개인 식별 정보를 삭제하거나 알아볼 수 없는 형태로 변환하는 것을 말한다. 가명(pseudonym), 일반화(generalization), 치환(permutation), 섭동(perturbation) 등을 포함한 다양한 방법으로 이것을 구현한다.

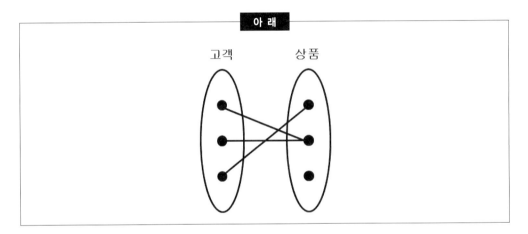

단답8 데이터 사이언스는 데이터 공학, 수학, 통계학, 컴퓨터공학, 시각화, 해커의 사고방식, 해당분야의
전문 지식을 종합한 학문으로 정의하기도 한다. 이런 정의의 연장선에서 데이터 사이언스가 기존의
통계학과 다른 접근법을 사용하는데 이는 무엇인가?

41 아래는 고객과 상품의 대응관계를 도식한 것이다. 대응비(Cardinality Ratio) 관점에서 둘 간의 관계를
가장 잘 표현한 것은?

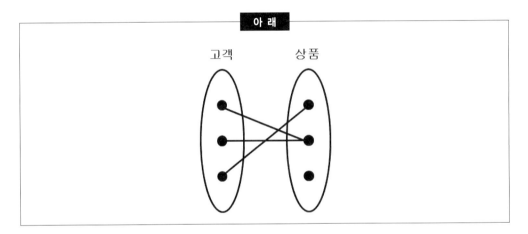

① 1 : 1
② 1 : N
③ N : 1
④ N : N

42 다음 중 데이터웨어하우스에 대한 설명으로 가장 부적절한 것은?

① 데이터웨어하우스는 기업 내의 의사결정지원 어플리케이션을 위한 정보 기반을 제공하는 하나의 통합된
데이터 저장 공간을 말한다.
② ETL은 주기적으로 내부 및 외부 데이터베이스로부터 정보를 추출하고 정해진 규약에 따라 정보를 변환한
후에 데이터웨어하우스에 정보를 적재한다.
③ 데이터웨어하우스에서 관리하는 데이터들은 시간의 흐름에 따라 변화하는 값을 유지한다.
④ 일반적으로 데이터웨어하우스는 전사적 차원에서 접근하기 보다는 재무, 생산, 운영과 같이 특정 조직의
특정 업무 분야에 초점을 맞추어 구축된다.

43 다음 중 내부 프로세스와 관련된 전형적인 분석 활용기법에 대한 설명으로 가장 부적합한 것은?

① 미래가치 분석 – 증거를 관찰하기 전과 후의 가설에 대한 믿음의 정도를 나타내는 추정치로 수익예측에 사용
② 최적화 – 일부 변수의 값이 반드시 정수여야 할 때, 한정된 자원으로 특정 목적을 달성하는 솔루션을 내놓은 효과적인 할당을 의미
③ 몬테카를로 시뮬레이션 – 특정 결과 혹은 위험이 발생할 확률을 평가하는 계산 기법으로 수학적 모델을 통해 가설 사건을 여러 차례 실험하고 미리 정해진 확률 분포와 비교
④ 신경망 분석 – 투입 요소들을 구분할 때까지 반복해서 학습이 이루어지며 주로 대규모 데이터베이스에 사용

44 다음은 비즈니스 문제와 이를 해결하기 위해 주로 사용되는 기법을 연결한 것이다. 잘못 연결된 것은?

① 맥주를 사는 사람은 콜라도 같이 구매하는 경우가 많은가? – 연관규칙학습
② 고객의 만족도가 충성도에 어떤 영향을 미치는가? – 회귀분석
③ 친분관계가 승진에 어떤 영향을 미치는가? – 소셜네트워크분석
④ 택배차량을 어떻게 배치하는 것이 가장 비용 효율적인가? – 유형분석

45 아래는 데이터베이스를 기반으로 기업 내에 구축되는 주요 정보시스템 중 하나를 설명한 것이다. 다음 중 아래의 내용에 적합한 것은?

> **아 래**
>
> 기업 전체를 경영자원의 효과적 이용이라는 관점에서 통합적으로 관리하고 경영의 효율화를 기하기 위한 시스템

① ERP
② CRM
③ SCM
④ KMS

46 최근에 인문학적 사고의 필요성이 대두하게 된 사회경제적 환경의 변화를 기술한 것 중 가장 관련이 없는 것은?

① 단순한 세계화에서 복잡한 세계화로 변화되고 있다.
② 비즈니스의 중심이 제품생산에서 서비스로 이동하고 있다.
③ 경제와 산업의 논리가 생산에서 시장창조로 바뀌고 있다.
④ 직관 보다는 데이터에 기반한 의사결정이 더욱 중요해지고 있다.

※ 숫자, 영문 등의 맞춤법을 준수하여 작성하여 주십시오. (부분점수 없음)

단답9 DIKW 피라미드에서 상호 연결된 정보 패턴을 이해하여 이를 토대로 예측한 결과물을 무엇이라고 하는가?

단답10 아래(㉠)에 적합한 데이터베이스 용어는?

> **아 래**
>
> 데이터 (㉠)은(는) 데이터베이스 내의 데이터에 대한 정확성, 일관성, 유효성, 신뢰성을 보장하기 위해 데이터 변경 혹은 수정 시 여러 가지 제한을 두어 데이터의 정확성을 보증하는 것을 말한다.

데이터분석

Professional · Semi-Professional

과목 : 데이터 분석 기획

1 비즈니스 모델의 표현 형태인 CLD(Casual Loop Diagram)는 기업의 선택(Choice)과 이에 따라 예상 또는 가정(Theory)되는 결과(Consequence)를 다이어그램 형태로 표현하는 방식이다. 다음 중 CLD 작성 시 유의사항이 아닌 것은?

① CLD의 선택과 결과는 전사에서 달성하고자 하는 목표에 정렬되게 작성되어야 한다.
② 모델을 구성하는 각각의 선택과 결과들은 상호보완 작용을 통해 전체적인 목표달성 시나리오를 강화시킬 수 있어야 한다.
③ 선택과 결과로 이어지는 흐름구조는 결과에 따라서 다시 해당 선택을 실행할 수 있는 선순환의 흐름으로 구성되어야 한다.
④ 선택의 변경에 따라 민감하고 급속하게 변화되는 견고한 결과(Flexible Consequence)가 많을수록 모델의 유연성도 높아져 시장에 민첩하게 대응할 수 있다.

2 분석 과제는 각 기업이 당면해 있는 현실과 특성을 고려하여 과제 적용의 우선순위를 결정할 수 있다. 다음 중 아래의 사분면 영역에서 가장 우선적으로 과제의 적용이 필요하다고 판단되는 영역은?

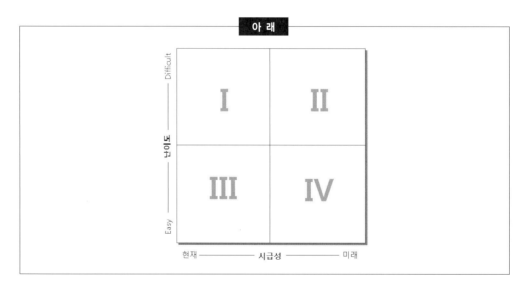

① I 영역
② II 영역
③ III 영역
④ IV 영역

3 다음 중 정보보안 거버넌스에 대한 설명으로 가장 부적절한 것은?

① 정보보안 거버넌스는 기업의 정보보안 전략을 정보보안 자원에 전략적으로 연계하는 것을 목적으로 한다.
② 정보보안 거버넌스는 IT 거버넌스와는 독립적인 영역이다.
③ 정보보안 거버넌스는 정보를 보호하는 리더쉽, 조직구조, 프로세스로 구성되어 있다.
④ 정보보안 거버넌스의 3요소는 데이터 무결성, 서비스 연속성, 정보자산 보호이다.

4 비즈니스 영역별로 도출된 다양한 분석과제를 대상으로 전사 관점에서 우선순위를 결정한 후 조직에 적합한 분석(Analytics)체계를 구현한다. 다음 중 분석체계를 구현하는 설명으로 가장 부적절한 것은?

① 분석체계 구현은 설계 → 구현 → 테스트 → 이행 등 순차적(Waterfall) 방식을 적용하여 수행한다.
② 분석을 위해 필요한 데이터를 수집 및 확보한 후 분석 모델을 설계한다.
③ 준비된 데이터를 분석 모델에 적용하고 그 결과를 평가한다.
④ 분석모델을 반복적으로 정련하여 분석 모델을 최적화 한다.

과목 : 데이터 분석 기획

5 기업은 경쟁력을 갖기 위해 BPR(Business Process Reengineering), Best Practice, BPM(Business Process Management), 식스시그마 등 다양한 프로세스 혁신 활동을 수행해 왔다. 그러나 이러한 혁신활동이 운영상 개선효과는 가져왔지만 영속적인 수익을 가져다주지 못했다. 따라서 기업은 차별화된 경쟁력을 가질 수 있는 프로세스 혁신을 지속적으로 고민하고 있다. 다음 중 빅데이터 시대에 기업들이 고민해야 하는 프로세스 혁신의 방향에 대한 설명으로 가장 부적절한 것은?

① 이슈 중심의 상향식(Bottom Up) 접근이 아닌 비즈니스 모델 및 시나리오 기반의 하향식(Top-Down) 접근
② 업무 처리의 신속성과 시장대응 민첩성을 중심으로 프로세스의 중복제거/단순화/표준화의 관점으로 진행
③ Time-to-Market(신속성) 관점의 업무효율화가 아닌 Quality-to-Market(최적화) 관점의 업무 처리 지능화를 통한 효과성 향상에 포커싱
④ 업무프로세스의 실행시점에 필요한 Action을 강제화 할 수 있도록 Analytics의 프로세스 내재화 관점의 접근

6 다음 중 Analytics(분석)의 업무 프로세스 내재화에 대한 설명으로 가장 부적절한 것은?

① 정보계로 분리되어 있고, 분석기법을 교육받아 Batch성으로 선택적으로 참조했던 분석을 프로세스의 실행시점에 내재화 하여 분석 및 의사결정이 강제적으로 이어지도록 하는 방법
② 집계성 데이터, 주기적으로 수집되는 과거 데이터 중심 분석보다는 실시간 발생데이터 중심의 분석 수행
③ 데이터웨어하우스의 구조적 데이터에 기반을 둔 분석 접근
④ 이벤트 발생으로부터 실행까지의 프로세스 상의 의사결정 지연최소화 및 변화하는 신규 비즈니스 요건 대응의 민첩성을 확보할 수 있음

7 데이터의 핵심은 데이터 자체가 아닌 분석을 통한 의사결정 최적화이다. 의사결정 최적화는 적시에 정확한 의사결정을 내리는데 달려 있지만 현실은 비즈니스 이벤트가 발생했을 때 이에 대응하기 위한 액션으로 이어지는 순간까지 많은 지연요인이 존재한다. 다음 중 의사결정 최적화의 장애요인이 아닌 것은?

① 데이터 지연(Data Latency)
② 분석 지연(Analytic Latency)
③ 모델 검증 지연(Verification Latency)
④ 의사결정 지연(Decision Latency)

8 특정 부서에서 수행한 분석의 결과가 다른 조직에 어떠한 영향을 미치는지 전사 목표 최적화 관점에서 파악하려 한다. 이 과정에서 분석 목록을 선택과 결과로 모델링하여 선택과 결과의 연관성을 파악하고, 각 분석에 따른 결과요소들 간에 서로 상충되는 요소가 있는지 등을 확인하기 위해 활용하는 도구로 가장 적절한 것은?

① 분석 선순환 구조 맵
② 액티비티 맵
③ 전략캔버스
④ 유저스토리

※ 숫자, 영문 등의 맞춤법을 준수하여 작성하여 주십시오. (부분점수 없음)

단답1 아래 ㉠에 들어갈 내용을 작성하시오.

> **아 래**
>
> 의사결정 및 업무 운영 최적화를 위해서는 3가지 지연 시간(Latency Time)을 줄이기 위한 노력이 필요하다. 이 3가지 지연시간은 (㉠) 지연 시간, 분석 지연 시간, 의사결정 지연 시간으로 분류된다.

단답2 온라인 또는 SNS 상에서 생성 · 저장 · 유통되는 개인의 사진이나 거래 정보 또는 개인의 성향과 관련된 정보에 대해 소유권을 강화하고 이에 대해 유통기한을 정하거나 이를 삭제, 수정, 영구적인 파기를 요청할 수 있는 권리 개념을 무엇이라고 하는가?

9 다음 중 데이터 분석 구현을 위한 적용 우선순위 평가 시 주요 고려요소가 아닌 것은?

① 전략적 중요도
② 분석 데이터 적용 수준
③ 분석 ROI
④ 실행 용이성

10 데이터 분석을 위한 조직구조는 분석 업무 수행 주체 및 특성에 따라 집중형, 기능형, 분산형 등 다양한 형태의 조직 유형으로 구분될 수 있다. 다음 중 집중형 분석 조직구조의 특징으로 가장 부적절한 것은?

① 전사 분석 업무를 별도 독립된 분석 전담조직에서 담당한다.
② 분석 결과에 대한 신속한 실행(Action)이 가능하다.
③ 전략적 중요도에 따라 분석 조직이 우선순위를 정하여 추진 가능하다.
④ 현업 업무부서의 분석업무와 이중화 또는 이원화 될 가능성이 높다.

11 빅데이터 분석 결과의 정확성 및 신뢰성을 향상시키기 위해 데이터 품질관리가 강조된다. 빅데이터와 기존 정형 데이터를 품질관리 측면에서 비교해 볼 때 빅데이터 품질관리의 특성으로 볼 수 없는 것은?

① 데이터에 대한 오너쉽이 더 강하다.
② 이미 생성된 데이터에 대한 정제(또는 정비)가 어렵다.
③ 개별 데이터에 대한 타당성 검증은 경우에 따라 불필요하다.
④ 혹시 발생 할지 모르는 데이터 사용자의 오류는 무시할 수 있다.

12 빅데이터는 기존의 전통적인 방식의 보안과는 다른 정보보호 전략이 요구된다. 다음 중 빅데이터 보안에 대한 접근 방법으로 가장 부적절한 것은?

① 개인정보 외 외부에 공개가 어려운 민감성 데이터는 용도를 명확히 하고, 경우에 따라 사용이 불가하다.
② 모든 데이터의 품질을 보장하기 위한 기준을 정의해야 한다.
③ 반드시 DBMS에 저장할 필요가 없는 분석을 위한 일회성 데이터에 대한 보안검사는 경우에 따라 불필요하다.
④ 기관 또는 기업 간 연계를 통해 공유된 데이터 또는 분산된 데이터에 대한 보안검사는 경우에 따라 불필요하다.

13 기업에 비즈니스 성과를 이끌어 줄 분석기회(Analytic Use Case)를 찾는 방법으로 가장 부적절한 것은?

① 기업의 비즈니스 모델 분석을 통해 경쟁력 강화를 위한 핵심 분석기회를 식별한다.
② 특정 대상 프로세스를 선정한 후 업무 주제별로 분석 요건을 식별한다. 즉, 핵심 프로세스들과 그것을 통한 의사결정, 그리고 더 정교하고 뛰어난 분석으로 혜택을 얻을 수 있는 업무 의사결정들을 체계적으로 조사한다.
③ 제공되는 산업별, 업무 서비스 별 분석 테마 후보 풀의 벤치마킹을 통해 분석기회를 식별한다.
④ 기업에 축적되어 있는 모든 데이터들을 분석하여, 비즈니스적 인사이트를 찾기 위해 노력한다.

14 고객의 니즈를 구성하는 4가지 가치 유형(Customer Value Wedge) 중 무형의 가치(Intangible Value)와 관련되지 않은 것은?

① 공유성
② 확장성
③ 접근성
④ 즐거움

15 아래의 내용에 해당하는 경영혁신 도구는?

> **아 래**
>
> 가. 기업의 전략 목표 및 계획에 대해 조직 내의 모든 구성원이 쉽게 이해하고, 커뮤니케이션하고, 창의적인 사고를 할 수 있도록 기업 전략을 비주얼한 차트 형태로 심플하게 표현한 것
> 나. 기업의 상품이나 서비스가 주는 가치를 고객의 효용이라는 관점에서 비교 평가할 수 있는 도구로써, 현재의 상품이나 서비스가 제공하지 못하는 가치를 찾아내고 새로운 전략방향을 설정할 수 있도록 도움을 주는 도구

① 전략 캔버스
② ERRC(Eliminate, Raise, Reduce, Create)
③ 비즈니스 컨텍스트
④ 구매자 효용 지도(Buyer Utility Map)

16 활동 체계 지도(Activity System Map)를 통해 도출된 기업의 전략테마와 실행활동을 바탕으로 선택(Choice)-이론(Theory)-결과(Consequence)의 형태로 비즈니스 운영 시나리오를 상세화 할 수 있다. 이 중 선택은 조직이 운영되어야 하는 방식에 대한 경영진의 의사결정 사항으로 모두 3가지 유형이 있다. 다음 중 선택의 3가지 유형이 아닌 것은?

① 정책(Policy)
② 자산(Asset)
③ 거버넌스(Governance)
④ 전략(Strategy)

※ 숫자, 영문 등의 맞춤법을 준수하여 작성하여 주십시오. (부분점수 없음)

단답3 아래 문장의 ㉠안에 공통으로 들어갈 용어는?

> **아 래**
>
> (㉠)은(는) 기업의 전사 또는 개별 업무별 주요 의사결정 포인트에 활용할 수 있는 분석의 후보들이다.
> (㉠)은(는) 비즈니스 모델을 구성하는 이론(Theory)을 설명하며, 하나 이상의 분석(Analytics)을 포함하고, 또한 (㉠)은(는) 프로세스 혁신의 수단으로 사용할 수 있다.

단답4 분석적 기업으로 도약을 위해서는 가장 먼저 조직의 분석(Analytics) 도입 여부 및 활용 수준에 대한 명확한 진단이 요구된다. 특히 분석 수준 진단 방법 중 조직의 분석 및 활용을 위한 역량수준을 파악하기 위해 '도입→활용→확산→최적화'의 분석 성숙도(Maturity) 단계 포지셔닝을 파악하게 되는데, 이때 각 단계별 조직의 분석 성숙도를 진단하는 영역 3가지는 '비즈니스 부문', 'IT부문', '(㉠)부문'이라고 볼 수 있다. ㉠에 들어갈 적절한 말은?

17 다음 빅데이터의 특징 중 투자비용 요소 또는 난이도를 평가하는 요소로 가장 부적절한 것은?

① 규모(Volume)
② 다양성(Variety)
③ 속도(Velocity)
④ 가치(Value)

18 기업의 데이터 분석 도입의 수준을 명확하게 파악하기 위한 방법으로 분석 준비도(Readiness)를 진단할 수 있다. 다음 중 분석 준비도를 측정하기 위한 요소로 가장 부적절한 것은?

① 분석 목표 및 전략
② 분석 업무
③ 분석 데이터
④ 분석 인력 및 조직

19 데이터 분석을 위한 기업의 성숙도 모델은 그 성숙 수준에 따라 도입단계, 활용단계, 확산단계 및 최적화 단계로 구분할 수 있다. 다음 중 분석 성숙도 확산단계의 특징으로 가장 부적절한 것은?

① 전사 차원에서 분석을 관리하고 공유한다.
② 분석 전담 조직을 운영하고, 데이터 사이언티스트를 확보한다.
③ 분석을 위한 협업 환경을 구현하고, 프로세스를 내재화한다.
④ 전사 성과의 실시간 분석이 가능하고, 분석 규칙 및 이벤트를 관리한다.

20 데이터 시대를 맞아 데이터를 자산으로 인식하고 비즈니스 가치를 높이기 위해 데이터 품질관리가 더욱 중요해 지고 있다. 다음 중 데이터 품질관리에 대한 설명으로 가장 부적절한 것은?

① 데이터 품질관리란 조직 내·외부의 정보시스템 및 DB 사용자의 기대를 만족시키기 위해 지속적으로 수행하는 데이터 관리 및 개선활동을 의미한다.
② 데이터 품질관리의 대상은 데이터 값, 데이터 구조, 데이터 관리 프로세스에 대해 관리되어야 한다.
③ 데이터 품질관리는 기업 내부에서 발생되는 정형 데이터에 대한 품질만을 의미한다.
④ 데이터 품질관리 시, 데이터 표준화, 메타데이터 관리, MDM(마스터데이터 관리)를 통해 사전·사후 데이터 품질 향상의 효과를 얻을 수 있다.

21 다음 중 빅데이터 프로젝트에서 이익 실현 역량을 방해하는 3가지 요소와 가장 거리가 먼 것은?

① 기업 내부에 전문 분석인력을 보유하고 있지 않으며, 단기간에 분석 전문가 집단을 구성하는 것은 현실적으로 어렵다.
② 경쟁이 치열하거나 외부자극에 영향이 큰 기업에 나타나는 특성으로 각 비즈니스 조직간 정보 공유에 소극적이며, 획득한 정보의 활용도가 떨어진다.
③ 기업 내 각종 데이터를 유용한 정보로 가공하여 기업경영에 활용할 수 있는 수준으로 수집 및 생성된 데이터의 품질을 확보 할 수 없다.
④ 빅데이터 분석 프로젝트를 IT 부서를 거치지 않고 현업부서가 바로 추진함으로 인해 중앙 집중화 된 데이터 계획에서 대규모의 숨은 데이터가 발생할 수 있다.

22 다음 중 분석(Analytics)의 업무 프로세스 내재화를 구현하기 전 고려해야 할 요소가 아닌 것은?

① 내재화를 전체 업무 프로세스에 일괄 적용할 준비가 되어 있는가.
② 분석 알고리즘(로직)을 어떻게 설계할 것인가.
③ 독립된 정보계와는 달리 업무운영 시스템에 내재될 수 있는 융합성을 가지는가.
④ 대용량 데이터에 대해 필요한 시점에 적합한 속도로 분석을 제공하는가.

23 데이터 기반 구축을 위해 발굴된 과제를 대상으로 난이도와 시급성 등의 기준에 따라 적용의 우선순위를 선정하게 된다. 또한 아래 그림의 9번 과제와 같이 기업의 전략적 가치기준에 따라 난이도를 조율함으로써 적용 우선순위를 조정 할 수 있는데, 이때의 고려사항이 아닌 것은?

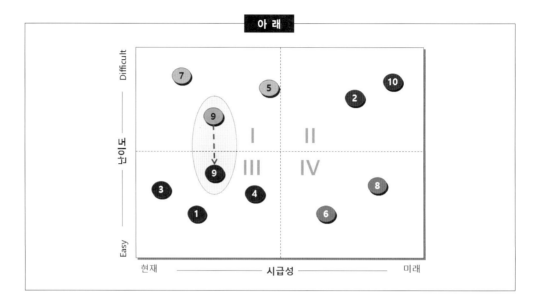

① 분석 데이터 적용 수준
② 과제 수행 범위
③ 분석 목표
④ 아키텍처의 영향도

24 마스터플랜 수립 단계에서 다양한 분석 과제를 도출한 후 데이터 분석구현을 위한 로드맵 수립 시 고려되어야 하는 다음 요소들 중 성격이 다른 하나는?

① 기술 적용 수준
② 분석 데이터 적용 수준
③ 전략적 중요도 수준
④ 업무 내재화 적용 수준

※ 숫자, 영문 등의 맞춤법을 준수하여 작성하여 주십시오. (부분점수 없음)

단답5 '비즈니스 전략'은 시장에서 경쟁자의 활동들과 다른 활동들을 수행하거나 유사한 활동들을 다른 방식으로 수행하여 자사가 경쟁사보다 경쟁 우위를 갖기 위한 것을 말한다. 그렇다면 아래의 정의들이 공통적으로 설명하고 있는 것은?

아래

가. 기업운영 방식의 표현
나. 하나의 조직이 가치를 어떻게 만들고, 제공하며, 획득하는지에 대한 근본적 원리의 표현
다. 기업을 어떻게 경영하느냐를 설명하는 이야기

단답6 분석기회(Analytic Use Case)를 구조화하고 분석방안을 구체화하기 위한 아래의 주요 세부 Task 중 ㉠에 들어갈 말로 적절한 것은?

아래

가. 분석 기회 구조화 Task: 유저스토리 정의, 목표 가치 구체화, 분석 질문 구체화
나. 분석 방안 구체화 Task: 의사결정요소 모형화, (㉠) 도출, 분석 필요 데이터 정의

25 분석과제의 적용 우선순위를 선정하는 판단 기준으로 시급성과 난이도를 고려할 수 있다. 빅데이터의 특징으로 정의할 수 있는 다음 4V 중 난이도를 판단하는 요소로 부적절한 것은?

① Volume (규모)
② Variety (다양성)
③ Velocity (속도)
④ Value (가치)

26 데이터 분석을 위한 기업의 성숙도 모델에서 성숙 수준에 따라 도입단계, 활용단계, 확산단계 및 최적화 단계로 구분될 때 아래 제시된 특징에 부합하는 성숙단계는?

> **아 래**
>
> - 전사 차원에서 분석을 관리하고 공유하는 단계
> - 분석 전담 조직을 운영하고, 조직 내 데이터 사이언티스트를 확보함
> - 전사 성과의 실시간 분석이 가능하며, 분석 규칙 및 이벤트를 관리함
> - 분석 전용 서버 도입 및 빅데이터 관리 환경을 구현함

① 도입단계
② 활용단계
③ 확산단계
④ 최적화단계

27 데이터 분석을 위한 조직구조의 특성 중 별도의 독립된 분석 전담조직을 구성하여 전사 차원의 분석업무를 수행하고, 전략적인 중요도에 따라 우선순위를 선정하여 추진이 가능한 반면 비즈니스 부서의 분석업무와 이중화/이원화 될 수 있는 가능성이 있는 조직의 형태는?

① 분산형 조직구조
② 가상형 조직구조
③ 집중형 조직구조
④ 기능형 조직구조

28 고객의 니즈를 4가지 가치 유형(Customer Value Wedge)으로 구분할 때, 다음 중 4가지 가치 유형에 해당하지 않은 것은?

① 기능적 가치(Functional Value)
② 재무적 가치(Financial Value)
④ 감성 가치(Emotional Value)
⑤ 사회적 가치(Social Value)

29 다음 중 Activity System Map에 대한 설명으로 가장 적절한 것은?

① Activity System Map을 통해 고객에게 제공할 효용 가치와 실행요소들을 도출함
② Activity System Map을 통해 고객이 제공받기를 원하는 효용에 대해 자사 및 경쟁사가 제공하고 있는 가치수준을 비교 평가한 후, 경쟁사와 차별화 된 고객 효용 제공을 위한 가치요소를 정의함
③ Activity System Map을 통해 고객 효용 제공을 위한 실행요소들을 파악한 후, 이를 선택-가정-결과의 일련의 비즈니스 시나리오 흐름으로 비즈니스 모델을 구체화 하여 정의함
④ Activity System Map을 통해 구체화 된 전략테마와 이를 실현하기 위한 일련의 실행 활동들을 CLD(Causal Loop Diagram)의 선택-가정-결과의 일련의 스토리와 상호연관관계로 표현하여 비즈니스 모델을 구체화/정교화 할 수 있음

30 다음 중 과거의 업무 혁신 접근 방식과 빅데이터 시대의 업무 혁신 접근 방식의 비교 설명으로 가장 부적절한 것은?

	과거 업무 혁신 접근 방식	빅데이터 시대 업무 혁신 접근 방식
①	코어 처리업무 중심의 Time-to-Market 관점의 업무효율화	마케팅/영업/기획/평가 업무를 중심으로 Quality-to-Market 관점의 업무 처리 지능화를 통한 효과성 향상
②	기간계 업무처리 프로세스와 정보계 데이터통합 및 분석이 분리되어 있었으며, 사용자는 사전/사후적으로 선택적으로 참조하는 방식	업무프로세스의 실행시점에 내재화된 Analytics를 통해 Action을 강제화하는 방식
③	프로세스 측면에서는 중복제거/단순화/표준화의 관점의 PI를 진행하였고, 데이터 관점에서는 정보의 통합 관리에 집중	복잡한 환경변화로 인해 더욱 복잡해진 프로세스 및 데이터를 표준화하여 관리하는 것에 집중
④	이슈 중심 Bottom 접근	비즈니스 시나리오 기반의 Top-Down 접근

31 다음 중 기업의 차별화된 경쟁력을 가질 수 있는 경영혁신 방안으로써 '빅데이터 분석'을 강조하는 이유로 가장 부적절한 것은?

① 발빠른 기업이 돈을 번다. 빠르게 행동하기 위해서는 예측하고 봐야 한다.
② 프로세스를 똑똑하게 하는 성공 DNA가 필요하고 이 성공 DNA를 업무에 내재화해야 한다.
③ 경험에 따른 추측에 기반한 인사이트를 통해 의사 결정할 수 있는 업무실행과 전략수립 방식이 필요하다.
④ 자사만의 고유한 분석방식의 적용 및 노하우의 축적은 타 기업이 쉽게 복제할 수 없는 차별화 된 경쟁력의 핵심 요소가 된다.

32 아래의 내용 중 빅데이터에 의한 패러다임의 변화를 모두 고른 것은?

아 래

(A) 모든 가용한 데이터를 분석할 수 있다.
(B) 데이터가 생성되는 시점에 실시간으로 분석하고 의사결정 할 수 있다.
(C) 데이터 마트에 정형 데이터를 적재한 후 데이터를 분석하고 선택적으로 업무에 참고한다.

---

① (A), (B)
② (B), (C)
③ (A), (C)
④ (A), (B), (C)

※ 숫자, 영문 등의 맞춤법을 준수하여 작성하여 주십시오. (부분점수 없음)

단답7 기업 또는 기관의 전사 차원에서 식별된 다양한 분석과제를 대상으로 제한된 예산과 자원을 효과적으로 수행하기 위하여 우선순위를 평가하고, 평가 결과에 따른 단계별 군현 로드맵을 수립하는 실행 계획은?

단답8 아래 (ⓒ) 안에 들어갈 용어로 적절한 것은?

아 래

Activity System Map을 통해 도출된 기업의 전략테마와 실행활동을 바탕으로 선택(Choice)-이론(Theory)-결과(Consequence)의 형태로 비즈니스 운영 시나리오를 상세화 할 수 있다. 이 중 (ⓒ)은(는) 조직이 운영되어야 하는 방식에 대한 경영진의 의사결정 사항으로 정책(Policy), 자산(Asset), 거버넌스(Governance)의 3가지 유형이 있다.

---

33 다음 중 분석(Analytics)확산의 장애요인이 아닌 것은?

① 데이터 생성 속도 정체
② 데이터 사이언스 전문인력 부족
③ 기업내 빅데이터 관련 기술 미성숙
④ Fact 기반의 의사결정 문화 미정착

34 다음 중 Analytics(분석)의 업무 프로세스 내재화에 대한 설명으로 적절한 것을 모두 고르시오.

① 정보계로 분리되어 있고, 분석기법을 교육 받아 배치성으로 선택적으로 참조했던 분석이 프로세스의 실행시점에 수행되어 의사결정이 강제적으로 이어지도록 하는 방법
② 집계성 데이터, 주기적으로 수집되는 데이터 중심의 분석 수행
③ 데이터 웨어하우스의 구조적 데이터에 기반을 둔 분석 접근
④ 이벤트 발생으로부터 실행까지의 프로세스 상 의사결정 지연최소화 및 변화하는 신규 비즈니스 요건 대응의 민첩성을 확보할 수 있음

35 다음 중 빅데이터가 가지고 있는 특징에 대한 설명으로 가장 부적절한 것은?

① 기존 DB보다는 규모가 훨씬 크다. 그러나 일정 기준으로 구분하지는 않는다.
② 배치, 리얼타임, 스트림 형태. 실시간 분석과 반응을 필요로 한다.
③ 비구조적 데이터만을 포함한다.
④ 3V(Volume, Velocity, Variety)의 결과로 빅데이터를 보관, 운영, 활용하는 것은 매우 복잡하다.

36 빅데이터 경영 도입이 본격화됨에 따라 기업 내 데이터 분석을 효과적으로 활용하고 촉진시키기 위해 전사 차원의 분석 전담조직을 설립하려는 움직임이 활발하게 일어나고 있다. 다음 중 분석 전담조직의 역할에 대한 설명으로 가장 부적절한 것은?

① 전사 분석과제를 발굴 및 구체화하고, 과제 적용을 위한 우선순위를 정한다.
② 고급 통계기법을 이해하고, 다양한 분석 모델을 설계하고 검증한다.
③ 조직 내 분석 문화 확산을 위한 교육 및 변화관리 활동을 수행한다.
④ 데이터의 품질을 주기적으로 진단하고 개선한다.

37 1990년대 이후 기업은 데이터를 통한 업무혁신의 일환으로 Business Intelligence를 도입하기 시작 하였다. 다음 중 이 시대 기업들이 Business Intelligence를 통해 얻고자 기대했던 사항과 가장 거리가 먼 것은?

① 과거 성과를 측정하고 비즈니스 계획에 참고할 수치를 사용할 수 있다.
② 과거에 무슨 일이 발생했는지? 어디에, 얼마나 많이, 얼마나 자주 문제가 있었는지? 무슨 액션이 필요한지? 등에 대한 답을 얻을 수 있다.
③ 사용자는 모든 데이터에 접근하여 사용할 수 있어, 데이터를 EDW에 축적해 두면 사용자들이 가공해서 유용한 정보를 산출할 것이다.
④ 왜 이런 일이 발생했는가? 이러한 트렌드가 지속될 것인가? 다음에 무슨 일이 발생할 것인가? 최적의 선택은 무엇인가? 에 답을 제공해 줄 것이다.

38 비즈니스 모델 정의를 위한 기업의 핵심 구동력을 파악하기 위해서 가장 먼저 기업의 비즈니스 컨텍스트 분석을 수행한다. 기업들은 기업의 비즈니스 컨텍스트 분석을 통해 시장 트랜드와 규제요소를 고려한 기업의 핵심 구동력을 도출하게 되는데, 다음 중 비즈니스 컨텍스트의 4가지 구성요소로 가장 부적절한 것은?

① 산업 요인 분석
② 시장 요인 분석
③ 미시 경제 요인 분석
④ 주요 트렌드 분석

39 빅데이터의 가장 큰 특징인 3V(Volume, Variety, Velocity)를 고려할 때 빅데이터의 성공적인 안착을 위해 기업들이 반드시 갖추어야 할 역량으로 가장 부적절한 것은?

① 빅데이터를 수용할 수 있는 스토리지와 저장된 데이터의 빠른 추출이 필요함
② 빅데이터를 효과적으로 활용할 수 있는 데이터 기반의 의사결정 체계가 필요함
③ 빅데이터 분석을 위해 기업외부 비정형 데이터에만 집중해야 함
④ 실시간으로 복잡하게 발생되는 수많은 데이터에 대한 빠른 분석처리가 필요함

40 분석과제의 우선순위를 결정하는 요소로서 다음 중 가장 부적합한 것은?

① 과제의 시급성과 난이도
② 비즈니스 효과
③ 투자비용 요소
④ 전술적 중요도와 MBO

※ 숫자, 영문 등의 맞춤법을 준수하여 작성하여 주십시오. (부분점수 없음)

단답9 아래의 (   )는 무엇인가?

아 래

Activity System Map 분석을 통해 도출된 전략 테마와 실행활동을 바탕으로 CLD(Casual Loop Diagram)의 선택(Choice)−이론(Theory)−결과(Consequence)의 형태로 비즈니스 운영 시나리오를 상세화 하여 정의할 수 있다. 선택(Choice)은 조직이 운영되어야 하는 방식에 대한 경영진의 의사결정 사항이고, 결과(Consequence)는 선택에 따라 야기되는 결과다. 이론(Theory)은 선택에 따른 결과가 발생될 것에 대한 가정이다. 선택(Choice)이 결과(Consequence)를 발생시킬 것에 대한 가정(Theory)을 실현하기 위한 헬퍼로써 (   )이/가 필요하다.

단답10 정보보안 위협 유형이 점점 더 지능화, 고도화되고 있으며, 그 위협 수준도 점차 높아지고 있다. 2006년 이후 나타난 공격 유형으로, 특정 목적을 달성하기 위해 명확한 공격목표를 설정하고, 지속적으로 해당목표의 정보를 분석한 뒤 고도의 해킹 기법을 이용하여 공격하는 정보보안 위협 요소는 무엇인가?

41 데이터 분석 도입의 성공요소로 가장 부적절한 것은?

① 질문에 앞서 필요한 분석이 무엇인지 찾는다.
② 핵심 분석을 발굴하고 이를 점진적으로 확장한다.
③ 분석 업무 의사결정 프로세스를 정립한다.
④ 의사결정을 위한 분석도구를 업무에 내재화해 강제적으로 실행하게 한다.

42 다음 중 비즈니스 모델 분석의 상향식(Bottom Up) 접근방식에서 특정 업무영역의 주제 지향적 분석기회를 발굴하는 절차가 올바르게 연결된 것은?

① 프로세스 분류 → 분석요건 정의 → 분석요건 식별 → 프로세스 흐름 분석
② 프로세스 분류 → 프로세스 흐름 분석 → 분석요건 식별 → 분석요건 정의
③ 분석요건 식별 → 프로세스 분류 → 프로세스 흐름 분석 → 분석요건 정의
④ 분석요건 식별 → 분석요건 정의 → 프로세스 분류 → 프로세스 흐름 분석

43 다음 중 분석 기회 구조화에 대한 설명으로 가장 부적절한 것은?

① 분석 체계를 도출한다.
② 유저 스토리(User Story)를 정의한다.
③ 목표 가치를 구체화 한다.
④ 분석 질문을 상세화 한다.

44 데이터 분석 수준진단 결과에서 기업에 필요한 데이터 및 분석기법은 부족하지만 준비도가 높은 단계는?

① 확산형
② 도입형
③ 준비형
④ 정착형

※ 숫자, 영문 등의 맞춤법을 준수하여 작성하여 주십시오. (부분점수 없음)

단답11 빅데이터 분석을 도입하기에 앞서 현재 기업의 분석 수준을 명확하게 파악하는 것이 중요하다. 진단을 통한 향후 분석 목표 및 방향성 수립을 위해 분석준비도(Readiness)를 진단하는 6가지 평가영역 중 2가지만 답하시오.

단답12 (㉠)은 기업의 비즈니스 운영시나리오를 모델링 하는 도구에 대한 설명이다. 무엇에 대한 설명인가?

아 래

- (㉠)을(를) 통해 기업이 추구하는 전략 테마의 실행 요소(선택)와 이에 따른 결과들 간의 관계를 시각적으로 표현하고 이해할 수 있음
- (㉠)의 선택(Choice)-이론(Theory)-결과(Consequence)의 형태로 비즈니스 운영 시나리오를 상세화 하여 정의할 수 있음.
- (㉠)의 가정을 실현하기 위한 Enabler로서 분석을 통한 핵심 의사결정 지원요소가 무엇인가를 고민하여 회사의 비즈니스 모델이 제대로 작동하기 위한 핵심 Analytics 들을 발굴함
- (㉠)의 Theory(가정)을 입증할 만한 Analytics을 찾는다면 선택(Choice) ➔ 결과(Consequence)를 확신할 수 있음

데이터분석

Professional · Semi-Professional

과목 : 데이터 분석

1 전형적인 데이터분석은 요건정의 → 모델링 → 검증 및 테스트 → 적용 단계로 이루어지며, 여기서 요건은 비즈니스 이슈로부터 도출된다. 다음 중 요건을 정의하는 단계에서 수행해야 할 작업으로 가장 적절하지 않은 것은?

① 데이터 분석 업무의 배경, 주요 이슈, 기대효과 등을 파악한다.
② 간단한 기초분석을 통해 분석수행 타당성을 확인한다.
③ 분석 기법, 수행 단계 및 절차(WBS) 등을 식별해 구성하고 분석방법론을 구축한다.
④ 다양한 원천으로부터 분석 대상 데이터를 획득한다.

2 의미있는 분석 결과를 확보하려면 비즈니스 영향도와 효과를 산출할 수 있어야 한다. A회사에서는 캠페인 결과에 따라 구매자와 비구매자로 고객을 분류하는 모델을 구축해 사용하고 있다. 이 모델의 정확성을 높여 비용이나 만족도 등의 지표를 개선하고자 한다. 다음 중 비즈니스 영향도나 효과 산출에 가장 적절하지 않은 수행준거는 무엇인가?

① 투자 대비 효과를 정량화해서 TCO, ROI, NPV 등을 산출해야 한다.
② 모델링에서는 Detection Rate가 증가하거나 Lift가 개선돼 발생하는 정량적 효과를 제시한다.
③ 사업 특성에 따라 비용요소가 이미 영업이익율이나 공헌이익에 반영되었을 수 있으므로 중복적으로 비용 요소를 차감하지 말아야 한다.
④ 시뮬레이션에서는 처리량, 대기시간 등을 통한 정량적 효과를 제시할 필요가 없다.

3 아래의 자료는 airquality 데이터프레임의 일부이다. 본 데이터는 다수의 결측치(NA)를 포함하고 있다. 다음 중 결측치가 포함된 관측치를 제거한 데이터프레임을 얻기 위한 명령어로 가장 적절한 것은?

아 래

```
> airquality
   Ozone Solar.R Wind Temp Month Day
1     41     190  7.4   67     5   1
2     36     118  8.0   72     5   2
3     12     149 12.6   74     5   3
4     18     313 11.5   62     5   4
5     NA      NA 14.3   56     5   5
6     28      NA 14.9   66     5   6
7     23     299  8.6   65     5   7
8     19      99 13.8   59     5   8
9      8      19 20.1   61     5   9
10    NA     194  8.6   69     5  10
11     7      NA  6.9   74     5  11
12    16     256  9.7   69     5  12
```

① is.na(airquality)

② !is.na(airquality)

③ na.omit(airquality)

④ na.rm(airquality)

4 아래의 R 스크립트와 그 결과에 대한 설명으로 가장 부적절한 것은?

아 래

```
> str(airquality)
'data.frame': 153 obs. of  6 variables:
 $ Ozone  : int  41 36 12 18 NA 28 23 19 8 NA ...
 $ Solar.R: int  190 118 149 313 NA NA 299 99 19 194 ...
 $ Wind   : num  7.4 8 12.6 11.5 14.3 14.9 8.6 13.8 20.1 8.6 ...
 $ Temp   : int  67 72 74 62 56 66 65 59 61 69 ...
 $ Month  : int  5 5 5 5 5 5 5 5 5 5 ...
 $ Day    : int  1 2 3 4 5 6 7 8 9 10 ...
```

① 6개의 변수와 153개의 관측치를 포함하고 있다.

② Day 변수를 벡터로 추출하기 위해서는 airquality$Day를 실행한다.

③ Solar.R 변수를 벡터로 추출하기 위해서는 airquality[[2]]를 실행한다.

④ Temp 변수를 데이터프레임으로 추출하기 위해서는 airquality[["Temp"]]를 실행한다.

5 아래의 R 스크립트를 실행하여 얻게 되는 결과로 가장 적절한 것은?

--- 아 래 ---

```
> x <- c(1, 2, 3)
> y <- c(2, x, 3)
> x + y
```

① [1] 3 3 5 4 5
② [1] 3 3 5 5 5
③ [1] 3 3 5
④ 에러 : In x + y : 두 객체의 길이가 서로 배수관계에 있지 않습니다.

6 아래의 자료는 trees라는 데이터프레임에 관한 정보를 보여준다. Girth, Height, Volume 변수의 각 평균을 산출하려 할 때 다음 중 가장 부적절한 명령어는 무엇인가?

--- 아 래 ---

```
> head(trees)
  Girth Height Volume
1  8.3     70   10.3
2  8.6     65   10.3
3  8.8     63   10.2
4 10.5     72   16.4
5 10.7     81   18.8
6 10.8     83   19.7
> str(trees)
'data.frame': 31 obs. of  3 variables:
 $ Girth : num  8.3 8.6 8.8 10.5 10.7 10.8 11 11 11.1 11.2 ...
 $ Height: num  70 65 63 72 81 83 66 75 80 75 ...
 $ Volume: num  10.3 10.3 10.2 16.4 18.8 19.7 15.6 18.2 22.6 19.9 ...
```

① apply(trees,1,mean)
② sapply(trees,mean)
③ lapply(trees,mean)
④ colMeans(trees)

7 다음은 두 집단 (Group A, Group B)의 연간 독서시간을 비교하는 히스토그램이다. 다음 중 집단 간 차이를 가장 잘 드러내는 통계량으로 가장 적절한 것은?

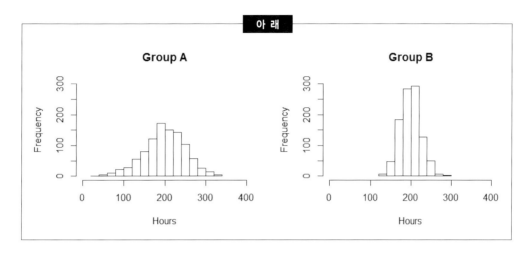

① 평균
② 사분위수 범위
③ 중앙값(median, 중위수)
④ 최빈값(mode)

8 다음 중 자료 탐색 시 산점도를 통해 관찰해야 하는 자료의 특징으로 가장 부적절한 것은?

① 선형(linear) 또는 비선형(nonlinear) 관계의 여부
② 이상점의 존재 여부
③ 자료의 층화 여부
④ 원인과 결과의 시간적 선후 관계 여부

9 표본조사나 실험을 하는 과정에서 추출된 원소나 관측 자료를 얻는 것을 측정이라고 하며, 측정방법에 따라 사용할 수 있는 통계기법이 달라진다. 다음 측정의 수준과 사용 가능한 기술통계의 연결 중 가장 부적절한 것은?

① 명목척도(nominal scale) – 중앙값
② 순서척도(ordinal scale) – 범위
③ 구간척도(interval scale) – 최빈값
④ 비율척도(ratio scale) – 표준편차

10 다음은 주어진 자료(Boston[,1:6])에 주성분분석을 수행한 R 스크립트와 그 결과값이다. 70%이상 자료를 설명하려면 최소 몇 개의 주성분이 필요한가?

아 래

```
> Bpca <- princomp(Boston[, 1:6], cor=T)
> summary(Bpca, loadings=T)
Importance of components:
                       Comp.1     Comp.2     Comp.3     Comp.4     Comp.5     Comp.6
Standard deviation    1.641982  1.0342479  0.9095514  0.8347084  0.69342851  0.47891590
Proportion of Variance 0.449351 0.1782781  0.1378806  0.1161230  0.08014052  0.03822674
Cumulative Proportion  0.449351 0.6276291  0.7655097  0.8816327  0.96177326  1.00000000

Loadings:
        Comp.1  Comp.2  Comp.3  Comp.4  Comp.5  Comp.6
crim    0.354   0.199   0.761  -0.280   0.420
zn     -0.435   0.102   0.392  -0.430  -0.679
indus   0.539                   0.115  -0.414   0.720
chas           -0.903          -0.412   0.112
nox     0.526  -0.137   0.122   0.204  -0.422  -0.686
rm     -0.342  -0.331   0.501   0.716           0.101
```

① 1개   ② 2개   ③ 3개   ④ 4개

11 아래의 [A]와 같은 시계열 모형을 적합하고자 [B]의 R 스크립트를 수행하고 결과를 얻었다. α 의 추정값으로 가장 적절한 것은?

아 래

[A]
$$X_t - \mu = \alpha(X_{t-1} - \mu) + \beta\epsilon_{t-1} + \epsilon_t$$

[B]
```
> arima(x=lh, order =c(1,0,1), n.cond=3 )

Call:
arima(x = lh, order = c(1, 0, 1), n.cond = 3)

Coefficients:
          ar1      ma1    intercept
       0.4522   0.1982    2.4101
s.e.   0.1769   0.1705    0.1358

sigma^2 estimated as 0.1923:  log likelihood = -28.76,  aic = 65.52
```

① 0.4522   ② 0.1982   ③ 2.4101   ④ 0.1923

12 아래의 그림은 한 대학의 합격자 현황에 대해 학과(Dept)와 합격여부(Admit) 변수를 사용해 그린 Mosaic plot이다. 학과는 A,B,C,D,E,F의 6개 학과가 있고 합격여부는 Admitted(합격)과 Rejected (불합격)로 구분된다. 아래의 그림을 설명하는 보기 중 가장 부적절한 것은?

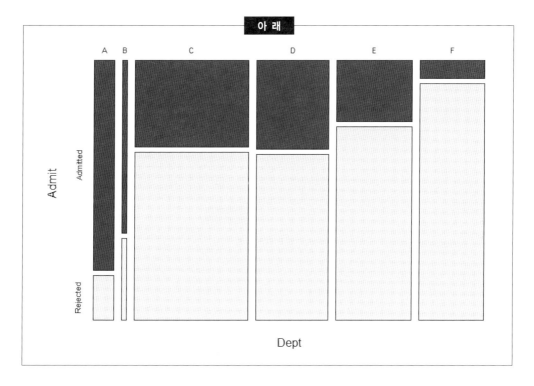

① A학과의 지원자 수가 가장 많다.
② B학과의 지원자 수가 가장 적다.
③ F학과의 합격률이 가장 낮다.
④ A학과의 합격률이 가장 높다.

과목 : 데이터 분석

13 다음 중 다중회귀분석에서 독립변수의 수가 지나치게 많을 경우의 부작용으로 가장 부적절한 것은?

① 설명력의 증가가 현저히 줄어든다.
② 추정치의 표준오차는 커진다.
③ 회귀식의 적합도나 타당도가 낮아진다.
④ 종속변수에 대한 독립변수의 상대적 영향력을 비교하기가 곤란하다.

14 다음 중 그룹(group)별로 sum, mean 등의 요약성 작업이 불가능한 R 명령어는 무엇인가?

① data.table
② sqldf
③ aggregate
④ melt

15 다음 중 아래의 R 명령어에 대한 설명으로 가장 적절한 것은?

> 아 래

```
> ddply(d, "year", summarise, mean.count = mean(count))
```

① d라는 데이터프레임에 mean.count라는 변수별로 count라는 변수의 평균(mean)을 구해 year라는 변수명으로 구성된 데이터 프레임을 생성하라
② d라는 array에 year라는 변수별로 count라는 변수의 평균(mean)을 구해 mean.count라는 변수명으로 구성된 array를 생성하라
③ d라는 데이터프레임에 year라는 변수별로 count라는 변수의 평균(mean)을 구해 mean.count라는 변수명으로 구성된 데이터 프레임을 생성하라
④ d라는 데이터프레임에 year라는 변수별로 count라는 변수에 단변량 분석 방법인 summary를 적용하여 mean.count라는 변수명으로 구성된 벡터를 생성하라

16 다음 중 melt() 와 cast() 함수를 이용하여 데이터의 구조를 쉽게 변형할 수 있는 R 패키지는 무엇인가?

① reshape
② plyr
③ data.table
④ klaR

17 다음 중 의사결정나무(decision tree) 모형의 특징으로 가장 부적절한 것은?

① 비모수적 방법이다.
② 설명이 용이하다.
③ 잡음데이터에 민감하다.
④ 계산이 단순하고 빠르다.

18 다음 중 의사결정나무(decision tree) 모형 구축에서 노드의 불순도(impurity) 측도가 아닌 것은?

① 지니계수(gini coefficient)
② 엔트로피계수(entropy coefficient)
③ 감마계수(gamma coefficient)
④ 분류오류율(classification error rate)

19 지도학습(supervised learning) 분석방법은 주어진 독립변수를 바탕으로 종속변수를 예측하는 방법들을 말한다. 다음 중 지도학습에 해당하는 분석 방법이 아닌 것은?

① 의사결정나무
② 베이지안 분류
③ 신경망분석
④ K-평균 군집

20 다음 중 군집분석에서 R 함수 kmeans에 대한 설명으로 가장 부적절한 것은?

① k개의 평균을 중심으로 군(cluster)을 이루는 명령어다.
② 관측치와 k개의 중심 간의 거리를 계산하여 군(cluster)을 이루는 명령어다.
③ 군(cluster)의 개수는 사용자가 미리 결정한다.
④ 군(cluster)의 계층적 구조를 보여준다.

※ 숫자, 영문 등의 맞춤법을 준수하여 작성하여 주십시오. (부분점수 없음)

단답1 데이터프레임 data 안에는 입사지망생 1,000명의 공인영어성적이 score 변수에 들어가 있고 성별 코드가 gender 변수에 들어있다(여성 0, 남성 1). 아래는 해당 데이터프레임의 일부이다. 성별 간 공인영어성적의 차이를 상자그림(box plot)으로 시각화하기 위한 R 스크립트를 쓰시오.

```
아 래

> data
  score gender
1   800      0
2   750      1
3   630      1
4   970      0
5   500      0
```

단답2 변수 X(연속형)와 변수 Y(연속형) 사이의 연관성을 살펴보고자 할 때, 제3의 변수 Z(연속형)가 X와 Y에 연관되어 있다고 가정하자. 이런 경우에는 Z에 조건화하여 X와 Y 간 상관계수를 산출할 필요가 있다. 이러한 상관계수를 무엇이라고 하는가?

단답3 여러 대상 간의 관계에 대한 수치적 자료를 이용해 유사성에 대한 측정치를 상대적 거리로 시각화 하는 방법은?

단답4 다음의 R 스크립트 결과를 보고 y, x1, x2 사이의 적합된 회귀식을 쓰시오.

아 래

```
> md <- lm(y ~ x1 + x2)
> summary(md)
Call:
lm(formula = y ~ x1 + x2)

Residuals:
    Min     1Q  Median     3Q    Max
-16.215  -7.129  -1.186   2.371  65.121

Coefficients:
             Estimate  Std. Error  t value  Pr(>|t|)
(Intercept) -8.992039   4.302734   -2.090    0.0447 *
x1           6.217956   0.601148   10.343    9.86e-12 ***
x2           0.011048   0.002051    5.387    6.45e-06 ***
---
Signif. codes:  0 '***' 0.001 '**' 0.01 '*' 0.05 '.' 0.1 ' ' 1
```

21 다음 중 아래와 같이 연관성분석(association analysis)을 위하여 총 5개의 장바구니 거래가 있었다고 가정할 때, 연관규칙 B → A 의 신뢰도를 구하라.(단, 여기에서 A,B,C,D,E는 거래된 상품을 말한다.)

아 래

```
장바구니1 : A, B, C
장바구니2 : C, D, E
장바구니3 : B, C, D, E
장바구니4 : A, B, E
장바구니5 : A, D
```

① 2/3

② 3/5

③ 1/3

④ 2/5

22 다음 중 데이터마이닝 기법을 이용할 때, 비교사학습기법(Unsupervised Learning)을 사용해야 하는 것은 무엇인가?

① 과거 소비자들의 인구통계학적, 금융데이터를 바탕으로 새로운 소비자들의 대출여부를 결정한다.
② 온라인 서점에서 기존 구매 고객들의 구매 패턴을 파악하여 책을 추천해준다.
③ 기존 파산회사와 파산하지 않은 회사들의 재정상태 데이터를 기반으로 회사의 파산 여부를 예측한다.
④ 비슷한 성향을 가진 고객군을 파악하여 고객 타겟팅에 활용하고자 한다.

23 다음 중 텍스트 마이닝(text mining)에 대한 설명으로 가장 부적절한 것은?

① Corpus란 텍스트 형태의 문서를 구조화하여 분석할 수 형태로 만든 것이다.
② 형태소 분석 단계를 거치면 텍스트 마이닝을 위한 사전이 자동 생성된다.
③ 문서 분류, 유사문서 그룹핑 등에 적용할 수 있다.
④ 워드클라우드는 텍스트 문서 중 출현 단어의 횟수 기반으로 그려진다.

24 텍스트 마이닝(text mining)에서 문서로부터 용어-문서(term-document) 행렬을 만들고자 할 때 필요한 전처리 과정이 아닌 것은?

① 불용어(stopword) 처리
② 구두점(punctuation) 제거
③ 빈칸(space) 제거
④ 워드클라우드(word cloud) 작성

25 소셜미디어에 나타난 다양한 소비자의 감성을 기업 경영에 활용하기 위해서는 감성분석(Sentiment Analysis)이라는 기술적인 방법을 사용하며 이는 흔히 Opinion Mining 으로도 언급된다. 다음 중 감성 분석의 특성이 아닌 것은?

① 문장에서 사용된 단어의 긍정과 부정의 빈도에 따라 문장이 긍정인지 부정인지 평가한다.
② 브랜드에 대한 평판 측정에서 긍정적인 추이가 증가하는지 여부를 판단하는데 사용한다.
③ 각 문장이 긍정인지 부정인지는 주체에 따라 다르게 해석할 수 있다.
④ 개별 문장의 분석에 오류가 나타나면 많은 문서를 가공하더라도 추이 파악에 어려움이 생기는 단점이 있는 분석 방법이다.

26 다음 중 오피니언 마이닝(Opinion Mining)의 절차로 가장 적절하게 연결된 것은 무엇인가?

① 크롤링 – 필터링 – NLP
② 필터링 – 크롤링 – NLP
③ NLP – 필터링 – 크롤링
④ 크롤링 – NLP – 필터링

27 다음 중 사회연결망 분석(social network analysis)에서 매개중심성(betweenness centrality) 측도에 대한 설명으로 가장 적절한 것은?

① 한 노드를 중심으로 얼마나 많은 edge가 연결되었는지를 나타낸다.
② 연결된 노드에 가중치를 두어 일정의 위세 정도를 나타내는 것이다.
③ 각 노드들 간의 거리를 근거로 중심성을 측정하는 방법이다.
④ 전체 관계만을 고려하였을 때, 중계자 역할의 정도를 나타내는 것이다.

28 최적화는 기대수익, 비용 등을 고려해 최대 수익 달성이 가능한 사업계획 선정 등 사업 현장과 밀접하게 연관되어 있다. 다음 중 최적화 방법으로 가장 많이 사용하는 것은 무엇인가?

① 담금질 기법(simulated annealing)
② 동적 계획법(dynamic programming)
③ 단순임의추출법(simple random sampling)
④ 선형계획법(linear programming)

29 다음 중 통계적 모의실험에서 난수생성법으로 가장 부적절한 것은 무엇인가?

① 역변환법(inverse transform method)
② 합성법(composition method)
③ 채택–기각법(acceptance–rejection method)
④ 이분법(bisection method)

30 다음 중 빅데이터 분석을 위한 프로세스를 가장 적절하게 나타낸 것은?

① 요건정의 → 모델링 → 검증 및 테스트 → 적용
② 수행방안 설계 → 모델링 → 비즈니스 영향도 평가 → 적용
③ 요건정의 → 모델링 → 모델링 성능평가 → 적용
④ 수행방안 설계 → 모델링 → 모델링 성능평가 → 적용

31 데이터 처리 과정은 많은 시간과 노력, 인내가 필요하다. 언제나 시간과 자원은 제약이 따르기 마련이고 높은 품질을 요구한다. 이러한 상황에서 데이터 처리 과정을 위한 다음 방법들 중 가장 적절한 것은?

① 분석 방법에 맞게 잘 정리된 데이터 마트(data mart)를 생성
② 빠르게 원시모형(Prototype)을 만들어 모델에 적용
③ 기존 정보시스템의 정보를 최대한 활용
④ 데이터 전처리(pre-processing) 작업을 수행

32 요건정의는 비즈니스 이슈로부터 도출된다. 통상적인 이슈는 수익증가나 비용증가, 상황의 변화, 처리 속도의 지연 등을 발생시키는 항목들로 전사적 측면에서 개선돼야 할 사항이다. 다음 중 요건정의에서 수행할 내용으로 가장 부적절한 것은?

① 분석요건의 정의는 문제를 해결했을 때 투자수익(ROI)으로 증명할 수 있어야 한다.
② 요건정의는 분석 요건을 구체적으로 도출, 선별, 결정하고 분석 과정을 설계하고 구체적인 내용을 실무 담당자와 협의하는 업무이다.
③ 요건정의 시에는 아무리 많은 시간을 할애하더라도 비즈니스 이슈 도출에 집중해야 한다.
④ 요건정의에서는 이슈리스트 작성, 핵심 이슈 정의, 해결방안 정의 등이 주요 수행 업무이다.

33 함수 summary를 사용하여 벡터 x에 저장된 데이터의 평균, 중앙값, 최소값, 최대값 등의 요약통계량을 보려고 하였으나, 아래와 같은 결과를 얻었다. 이에 대한 설명으로 가장 부적절한 것은?

```
아 래

> x
 [1] 13.2 10   8.1 8.8 9    7.9 3.3 5.9 15.4 17.4 5.3  2.6 10.4 7.2 2.2 6    9.7 15.4 2.1 11.3
Levels: 2.1 2.2 2.6 3.3 5.3 5.9 6 7.2 7.9 8.1 8.8 9 9.7 10 10.4 11.3 13.2 15.4 17.4
> summary(x)
 2.1  2.2  2.6  3.3  5.3  5.9    6  7.2  7.9  8.1  8.8    9  9.7   10 10.4 11.3 13.2 15.4 17.4
   1    1    1    1    1    1    1    1    1    1    1    1    1    1    1    1    1    2    1
```

① x는 factor 형식의 벡터이다.

② x에 15.4가 2번 포함된다.

③ x를 numeric 형식으로 변환하기 위해 as.numeric 함수를 사용할 수 있다.

④ 평균값을 구하기 위해 mean(x)의 명령어를 사용할 수 있다.

34 다음 중 R에서 가능한 데이터 유형에 대한 설명으로 적절하지 않은 것은?

① data frame은 숫자형과 문자형의 변수를 함께 포함할 수 없다.

② matrix는 차원을 가진 벡터로 숫자형 원소와 문자형 원소를 함께 포함할 수 없다.

③ list의 각 요소는 서로 다른 모드의 객체를 포함할 수 있다.

④ list의 각 요소는 [[ ]]로 접근 가능하다.

35 데이터프레임 A는 아래와 같이 5개의 관측치와 2개의 변수(x, y)를 가지고 있다. x의 평균과 y의 평균을 구하기 위한 명령어로 적절하지 않은 것은?

```
아 래

> A
  x y
1 1 3
2 2 4
3 4 6
4 6 2
5 3 9
```

① apply(A,1,mean)

② sapply(A,mean)

③ lapply(A,mean)

④ colMeans(A)

36 아래 (가)는 airquality라는 이름의 데이터프레임의 일부이다. Month 변수와 Day변수를 합쳐서 Month.Day라는 이름의 새로운 변수를 추가하여 (나)와 같은 결과를 얻기 위해 사용가능한 함수는 무엇인가?

아 래

(가)
```
> airquality
   Ozone Solar.R Wind Temp Month Day
1     41     190  7.4   67     5   1
2     36     118  8.0   72     5   2
3     12     149 12.6   74     5   3
4     18     313 11.5   62     5   4
5     NA      NA 14.3   56     5   5
6     28      NA 14.9   66     5   6
7     23     299  8.6   65     5   7
8     19      99 13.8   59     5   8
9      8      19 20.1   61     5   9
10    NA     194  8.6   69     5  10
11     7      NA  6.9   74     5  11
12    16     256  9.7   69     5  12
13    11     290  9.2   66     5  13
```

(나)
```
> airquality
   Ozone Solar.R Wind Temp Month Day Month.Day
1     41     190  7.4   67     5   1       5-1
2     36     118  8.0   72     5   2       5-2
3     12     149 12.6   74     5   3       5-3
4     18     313 11.5   62     5   4       5-4
5     NA      NA 14.3   56     5   5       5-5
6     28      NA 14.9   66     5   6       5-6
7     23     299  8.6   65     5   7       5-7
8     19      99 13.8   59     5   8       5-8
9      8      19 20.1   61     5   9       5-9
10    NA     194  8.6   69     5  10      5-10
11     7      NA  6.9   74     5  11      5-11
12    16     256  9.7   69     5  12      5-12
13    11     290  9.2   66     5  13      5-13
```

① paste

② strsplit

③ gsub

④ rep

37 상관분석의 결과로 유의확률이 0.03이라는 정보를 얻었다. 다음 중 도출 가능한 가장 적절한 해석은 무엇인가?

① 두 변수는 유의 수준 0.03이내에서 양의 상관성을 갖는다.
② 두 변수는 유의 수준 0.03이내에서 상관성을 갖지만 상관성의 방향은 알 수 없다.
③ 두 변수는 유의 수준 0.03이내에서 상관성을 갖지 않지만 상관성의 방향은 알 수 있다.
④ 두 변수는 유의 수준 0.03이내에서 상관성도 갖지 않고 상관성의 방향도 알 수 없다.

38 아래 변수선택방법 중 다중회귀분석을 위해 사용되는 방법으로만 나열되어 있는 것은 무엇인가?

> **아 래**
>
> 가. 전진선택(forward selection)　　　나. 최적선택(Optimum selection)
> 다. 후진제거(backward elimination)　　라. 단계적 방법(Stepwise method)
> 마. 무작위선택(Random selection)

① 나, 라, 마
② 나, 다, 마
③ 가, 다, 라
④ 가, 나, 라

39 다음 중 정규분포의 누적분포함수를 구하는 R 함수로 적절한 것은?

① rnorm
② pnorm
③ dnorm
④ qnorm

40 다음 중 상관관계가 높은 변수들이 회귀분석에 포함되었을 때 발생하는 문제점에 대한 해결 방안으로 가장 부적절한 것은?

① 중요하지 않은 변수일 경우, 해당 변수 제거
② 해당 변수의 상관 관계에 따라 변수 통합
③ 상관관계가 낮아지도록 변수 값 조정
④ 자료 부족이 원인일 경우, 자료 보완

※ 숫자, 영문 등의 맞춤법을 준수하여 작성하여 주십시오. (부분점수 없음)

단답5 분류모형의 평가에 사용되는 그래프로 x축은 (1-특이도), y축은 민감도로 그려지는 것은 무엇인가?

단답6 흔히 기업의 데이터베이스에서 상품의 구매, 서비스 등 일련의 개체 또는 사건들 간의 규칙을 발견하기 위해 사용되는 대표적인 정형 데이터 마이닝 기법은 무엇인가?

단답7 군집분석은 모집단에 대한 사전 정보가 없는 경우 주어진 관측값 사이의 유사성을 이용하여 전체를 몇 개의 집단으로 그룹화하여 각 집단의 성격을 파악하는 분석법이다. 군집을 나누는 방법 중 n개의 관측값을 각각 하나의 군집으로 간주하고 관측값의 특성이 가까운 군집끼리 순차적으로 합해가는 방법은 무엇인가?

단답8 연관성분석(Association Analysis)은 데이터 안에 존재하는 항목간의 연관규칙을 발견하는 과정이다. 연관성분석의 측도들 중 두 품목 A와 B의 지지도(Support)는 전체 거래 항목 중 항목 A와 항목 B가 동시에 포함되는 비율로 정의되며 전체 거래 중 항목 A와 항목 B를 동시에 포함하는 거래가 어느 정도인지 나타내주어 이를 통해 전체 구매 경향을 파악할 수 있다. 그러나 지지도는 연관규칙 A→B와 B→A가 같은 지지도를 갖기 때문에 두 규칙의 차이를 알 수가 없다. 이에 대한 평가 측도는 무엇인가?

41 다음 중 독립변수와 종속변수가 모두 명목척도(nominal scale)일 경우에 적합한 통계기법은 무엇인가?

① 카이제곱(chi-square) 검정
② 피어슨상관계수(Pearson's correlation coefficient)
③ 회귀분석
④ 평균분석

42 두 집단의 평균이 같은지를 검정하기 위해서는 우선 두 집단의 분산이 같은지를 검정해야 한다. 이때 사용되는 검정통계량은 다음 중 어떤 분포를 활용하는 것이 가장 적절한가?

① t-분포
② F-분포
③ Z-분포
④ 이항분포

43 다음 중 가설검정에 관한 설명으로 가장 부적절한 것은?

① 가설은 항상 귀무가설(null hypothesis)과 대립가설(alternative hypothesis)이 있다.
② 검정통계량 값을 구한 후 이 값이 나타날 가능성의 크기에 의해 귀무가설 채택 여부를 결정하고 이는 유의수준(significance level, α)을 기준으로 판단한다.
③ 귀무가설이 옳은데도 귀무가설을 기각하게 되는 오류를 제 1종 오류(type I error)라고 한다.
④ 일반적으로 가설검정에서는 제 2종 오류의 크기를 0.1, 0.05, 0.01 등으로 고정시킨 뒤 기각역을 설정한다.

44 아래는 1888년 스위스의 47개 지역의 출산율 자료를 사용해 회귀분석을 실시한 결과다. 결과에 대한 해석으로 가장 부적절한 것은?

아 래

```
Call:
lm(formula = Fertility ~ . - Examination, data = swiss)

Residuals:
     Min      1Q   Median      3Q     Max
-14.6765  -6.0522   0.7514   3.1664  16.1422

Coefficients:
                 Estimate Std. Error t value Pr(>|t|)
(Intercept)      62.10131    9.60489   6.466 8.49e-08 ***
Agriculture      -0.15462    0.06819  -2.267  0.02857 *
Education        -0.98026    0.14814  -6.617 5.14e-08 ***
Catholic          0.12467    0.02889   4.315 9.50e-05 ***
Infant.Mortality  1.07844    0.38187   2.824  0.00722 **
---
Signif. codes:  0 '***' 0.001 '**' 0.01 '*' 0.05 '.' 0.1 ' ' 1

Residual standard error: 7.168 on 42 degrees of freedom
Multiple R-squared:  0.6993, Adjusted R-squared:  0.6707
F-statistic: 24.42 on 4 and 42 DF,  p-value: 1.717e-10
```

① 회귀식은 Fertility의 변동성을 69.93% 설명한다.
② 다른 설명변수의 영향을 제거하면 교육수준(Education)이 높을수록 출산율(Fertility)은 감소한다.
③ Fertility의 변동성을 설명하는데 가장 유의한 설명변수는 Education이다.
④ Fertility와 설명변수들 간에 선형관계가 성립한다.

45 아래는 기대수명(Life.Exp)과 문맹률(illiteracy)와의 관계를 나타내는 회귀분석 결과이다. 이를 사용하여 계산한 기대수명과 문맹률 간의 피어슨 상관계수로 적절한 것은?

아 래

```
Call:
lm(formula = Life.Exp ~ Illiteracy, data = st)

Residuals:
    Min      1Q  Median      3Q     Max
-2.7169 -0.8063 -0.0349  0.7674  3.6675

Coefficients:
             Estimate Std. Error t value Pr(>|t|)
(Intercept)  72.3949     0.3383 213.973  < 2e-16 ***
Illiteracy   -1.2960     0.2570  -5.043 6.97e-06 ***
---
Signif. codes:  0 '***' 0.001 '**' 0.01 '*' 0.05 '.' 0.1 ' ' 1

Residual standard error: 1.097 on 48 degrees of freedom
Multiple R-squared:  0.3463, Adjusted R-squared:  0.3327
F-statistic: 25.43 on 1 and 48 DF,  p-value: 6.969e-06
```

① 0.3463

② −0.3464

③ $\sqrt{(0.3463)}$

④ $-\sqrt{(0.3463)}$

46 아래는 오존 수치를 회귀모형으로 적합한 후의 잔차도이다. 다음 중 아래의 잔차도를 통해 판단할 수 있는 결과로 가장 부적절한 것은?

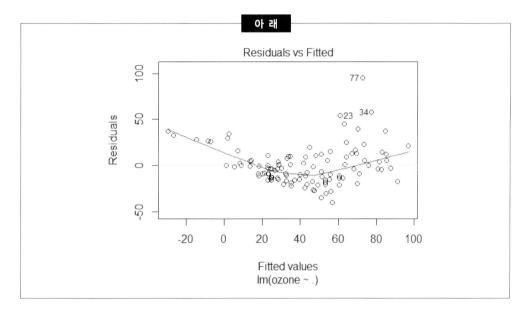

① 잔차의 등분산성을 만족하지 않는다.
② 이상값이 존재한다.
③ 종속변수와 설명변수의 선형관계가 성립하지 않는다.
④ 잔차들 간의 독립성이 위배된다.

47 분포 패턴이 다양한 자료에서 같은 상관(correlation) 계수가 도출될 수 있다. 그 패턴을 확인하기 위한 분석으로 가장 적절한 것은?

① 상자그림(Box Plot)
② 산점도(Scatter Plot)
③ 빈도표(Frequency Table)
④ 히스토그램(Histogram)

48 유사성 순위 자료를 활용한 다차원척도법(MDS) 분석을 설명한 다음 중 가장 부적절한 것은?

① Stress 값이 작으면 해석의 의미가 없다.
② 차원이 많아지면 Stress는 개선된다.
③ 차원의 해석은 주관적 통찰에 주로 의존한다.
④ 소비자의 인식을 그림으로 표현한다.

49 아래 내용이 설명하고 있는 통계적 분석 방법으로 가장 적절한 것은?

아 래

- 변수들 간의 관계성을 규명할 수 있는 수학적 모형을 수집된 자료로부터 추정하는 통계적 방법
- 변수들 간의 관계성을 선형으로 가정
- 추정된 수학적 모형을 이용하여 통계적 추론이나 예측을 하게 됨
- 한 개의 독립변수를 고려한 경우와 두 개 이상의 독립변수를 고려한 경우의 분석이 가능

---

① 카이제곱(chi-square) 분석
② 회귀분석
③ 주성분분석(PCA)
④ 분산분석(ANOVA)

50 다음 시계열 자료의 정상성(stationarity)에 대한 설명 중 가장 부적절한 것은?

① 모든 시점 간에 자료는 독립이다.
② 모든 시점에 대해 일정한 평균을 가진다.
③ 모든 시점에 대해 일정한 분산을 가진다.
④ 시점 t와 s의 공분산은 시차(t-s)에만 의존하고 실제 어느 시점인지에는 의존하지 않는다.

51 아래 그림은 한 시계열 자료의 자기상관함수(ACF)와 부분자기상관함수(PACF) 그림이다. 이를 통해 식별된 적당한 ARMA모형의 차수는 무엇인가?

아 래

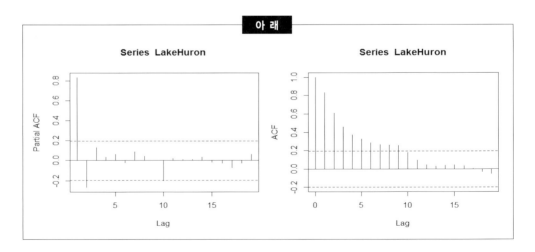

---

① ARMA(0,2)   ② ARMA(2,0)
③ ARMA(0,3)   ④ ARMA(3,0)

52 아래는 10개의 변수를 가진 데이터의 주성분분석의 결과물이다. 2개의 변수로 축약할 경우 잃는 정보량은 몇 %인가?

아 래

```
> summary(pca)
Importance of components:
                          Comp.1      Comp.2     Comp.3       Comp.4       Comp.5        Comp.6        Comp.7
Standard deviation     13.5703138  5.7156823  2.9154554  0.926253946  0.687453789  0.3412388755  0.2436593218
Proportion of Variance  0.8115669  0.1439729  0.0374591  0.003780982  0.002082723  0.0005131703  0.0002616439
Cumulative Proportion   0.8115669  0.9555397  0.9929988  0.996779816  0.998862539  0.9993757093  0.9996373532
                          Comp.8       Comp.9       Comp.10
Standard deviation     0.2279377697  0.1539025888  8.152850e-02
Proportion of Variance 0.0002289692  0.0001043846  2.929297e-05
Cumulative Proportion  0.9998663224  0.9999707070  1.000000e+00
```

---

① 81.2%

② 18.8%

③ 95.6%

④ 4.4%

53 다음 중 주성분 분석에서 주성분 수를 선택할 때 고려하지 않아도 되는 것은 무엇인가?

① 고유 값의 누적비율
② 차원의 크기
③ 총 변이에 대한 공헌도
④ 개별 고유 값의 분해 가능 여부

54 모델 구축시 무작정 많은 변수를 사용하는 것이 더 나은 결과를 보장해 주지는 않는다. 데이터 분석 사전 단계에 대한 다음 설명 중 가장 부적절한 것은?

① 모델의 성능은 보통 독립변수가 추가될수록 향상된다. 그러나 현 데이터의 성능만을 고려하여 변수를 추가하면 미래 값을 예측하는데 부정적으로 사용될 수 있다.
② 데이터에는 측정이나 잘못된 입력으로 인해 이상치(Outlier)가 포함될 수 있다. 이러한 이상치는 제거하고 분석하는 것이 바람직하다.
③ 결측치(Missing data)의 숫자가 매우 적다면 이들을 제거하고 분석하는 것이 효율적이다.
④ 신뢰성 있는 결과를 얻기 위해 데이터의 표준화가 필요한 경우가 있다.

55 이상치(Outlier) 검색은 분석에서 전처리를 어떻게 할지 결정할 때 사용할 수 있다. 다음 이상치 판정 방법 중 가장 부적절한 것은?

① 통상 "평균으로부터 표준편차의 3배가 넘는 범위의 데이터"라는 기준으로 이상치를 정의한다.
② 데이터를 크기 순으로 나열한 다음 가장 크거나 가장 작은 수치들을 이상치로 판정한다.
③ 회귀분석을 이용하여 설명변수의 동일수준의 다른 데이터들과 거리상 떨어진 데이터를 이상치로 판정한다.
④ 관련 알고리즘으로는 ESD(Extreme Studentized Deviation), MADM 등이 있다.

56 지도학습(Supervised learning)은 종속변수 및 독립변수를 이용하여 종속변수 예측 모형을 제시하는 학습법을 말하며 비지도학습(Unsupervised learning)은 독립변수간의 관계를 통해 의미있는 결과를 제시하는 학습법을 말한다. 다음 중 비지도학습법으로 해결해야 하는 과제로 가장 적절한 것은?

① 과거 소비자들의 금융상품 구매 이력을 바탕으로 새로운 소비자들의 대출여부를 결정한다.
② 비슷한 성향을 가진 고객군을 파악한다.
③ 기존 파산회사와 파산하지 않은 회사들의 재정상태 데이터를 기반으로 회사의 파산여부를 예측한다.
④ 문제가 발생한 항공기를 대상으로 수리시간을 추정한다.

57 다음 중 데이터마이닝을 위한 데이터 분할에 관한 설명으로 가장 부적절한 것은?

① 데이터를 일반적으로 구축용(training), 검정용(validation), 시험용(test)로 분리한다.
② 구축용 데이터는 초기의 데이터마이닝 모델을 만드는 데 사용된다.
③ 시험용 데이터는 구축된 모델의 과잉 또는 과소맞춤 등에 대한 미세조정 절차를 위해 사용된다.
④ 교차확인(cross-validation)은 구축용과 시험용을 번갈아가며 모형을 평가하는 방법이다.

58 다음 데이터마이닝 알고리즘 중 비지도학습 모형(Unsupervised Learning Model)에 속하지 않는 것은 무엇인가?

① Apriori
② C5.0
③ K-Means
④ SOM

59 데이터마이닝에서 분류(classification) 작업의 목적은 새로 나타난 대상의 특징을 살펴보고, 사전에 정의된 분류의 집합들에 할당하는 모형을 만들어내는 것이다. 다음 중 분류분석과 관련된 설명 중 가장 부적절한 것은?

① 분류분석은 군집분석과 달리 각 계급이 어떻게 정의되는지 미리 알아야 한다.
② 분류를 위해 사용되는 데이터마이닝 기법은 K-NN, 의사결정나무모형, 신경망모형 등이 있다.
③ 의사결정나무모형에서는 분할 후 생성된 노드들의 불순도 함수값의 감소가 가장 크게 일어나도록 분할이 진행된다.
④ 회귀나무모형은 분류를 위한 의사결정나무모형과 매우 다른 알고리즘을 사용한다.

60 예측(prediction)은 분류 또는 추정과 동일하지만 미래의 행위를 분류하거나 미래의 값을 추정한다는 점에서 차이가 있다. 다음 중 예측분석에 대한 설명으로 가장 부적절한 것은?

① 6개월 이내 이탈할 고객을 예측하는 등 고객 행동 예측에 활용할 수 있다.
② 예측은 시계열분석으로 시간에 따른 값을 이용해 앞으로의 매출 등을 예측하는 것이다.
③ 분류나 추정과 분리해서 다루는 이유는 예측적 모형화에 있어서는 설명변수들과 종속변수의 예측치 간의 순차적인 관계에 대한 고려가 필요하기 때문이다.
④ 신용평가대상자를 위험도에 따하 상중하로 분류하고 새로운 고객이 왔을 때 어떤 위험군에 속할지 예측하는데 활용할 수 있다.

※ 숫자, 영문 등의 맞춤법을 준수하여 작성하여 주십시오. (부분점수 없음)

단답9 정보검색이나 자연어 처리 분야에서 분석 결과를 평가하기 위해 사용하는 방법 가운데 대표적인 것이 정확도(Precision)이 재현율(Recall)이다. 정확도는 분석 모델이 결과 중에서 정답과 일치하는 비율을 의미하며, 재현율은 실제 정답 중에서 분석 모델에서 정답이라고 내놓은 결과의 비율을 말한다. 데이터 전체 집합을 아래와 같이 그림으로 표현했다고 가정하자. 긍정 메시지인지 여부는 사선으로, 분석 모델의 결과는 타원으로 각각 나타냈을 때 '정확도=a/(a+b)'이다. 재현율을 표현하시오.

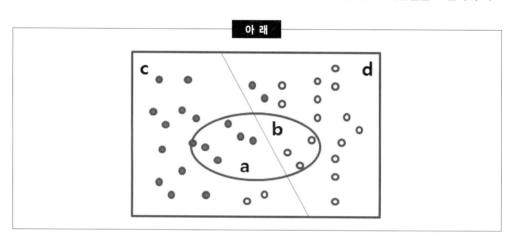

단답10 분해시계열 분석에서 요일마다 반복되거나 일 년 중 각 월에 의한 변화, 사분기 자료에서 각 분기에 의한 변화 등 고정된 주기에 따라 자료가 변화하는 요인을 일컫는 것은 무엇인가?

단답11 아래는 자동차의 속도(speed; mph)와 제동거리(dist; mile)의 관계를 분석한 회귀분석 결과이다. 회귀분석의 가정이 모두 만족되었다고 할 때, 10mile의 속도로 달리고 있는 자동차의 제동거리를 예측하시오.

아 래

```
Call:
lm(formula = dist ~ speed, data = cars)

Residuals:
    Min      1Q  Median      3Q     Max
-29.069  -9.525  -2.272   9.215  43.201

Coefficients:
            Estimate Std. Error t value Pr(>|t|)
(Intercept) -17.5791     6.7584  -2.601   0.0123 *
speed         3.9324     0.4155   9.464 1.49e-12 ***
---
Signif. codes:  0 '***' 0.001 '**' 0.01 '*' 0.05 '.' 0.1 ' ' 1

Residual standard error: 15.38 on 48 degrees of freedom
Multiple R-squared:  0.6511,  Adjusted R-squared:  0.6438
F-statistic: 89.57 on 1 and 48 DF,  p-value: 1.49e-12
```

단답12 시계열 모형 중 과거 시점의 관측 자료와 과거 시점의 백색잡음의 선형결합으로 현 시점의 자료를 표현하는 모형은 무엇인가?

과목 : 데이터 분석

61 인공신경망모형 중 SVM(Support Vector Machine)은 자료들을 분리하는 초평면(Hyperplane) 중에서, 자료들과 가장 거리가 먼 초평면을 찾는 방법이다. 기존신경망 알고리즘이 오류율을 최소화하는데 목적이 있었다면 SVM은 여백(Margin)을 최대화하여 일반화 능력을 극대화하는 방법이라고 할 수 있는데, 이러한 SVM에 대한 설명으로 다음 중가장 적절한 것은?

① 사용자가 설정해야 하는 매개 변수가 많다.
② 직선으로부터 가장 가까운 샘플까지의 거리가 동일하다.
③ 최적 커널을 자동으로 선택한다.
④ 여백을 거의 사용하지 않는다.

62 군집분석에서는 관측값들이 서로 얼마나 유사한지(similarity) 또는 유사하지 않은지(nonsimilarity)를 측정할 수 있는 측도가 필요하며 보통 그 측도로 데이터 간의 거리(distance)를 이용할 수 있다. 변수들이 연속형인 경우 사용할 수 있는 측도 중 데이터에 이상치가 존재한다고 여겨지고 그것들을 제거할 수 없는 경우에 사용할 수 있는, 로버스트(Robust)한 측도는 무엇인가?

① 유클리드 거리(Euclidean distance)
② 표준화 거리(Standardized distance)
③ 맨하탄 거리(Manhatan distance)
④ 마할라노비스 거리(Mahalanobis distance)

63 아래 그림은 1973년 미국 50개 주의 인구 10만 명당 살인, 폭행, 강간 범죄의 횟수를 사용한 군집분석의 결과이다. 다음 중 가장 부적절한 설명은 무엇인가?

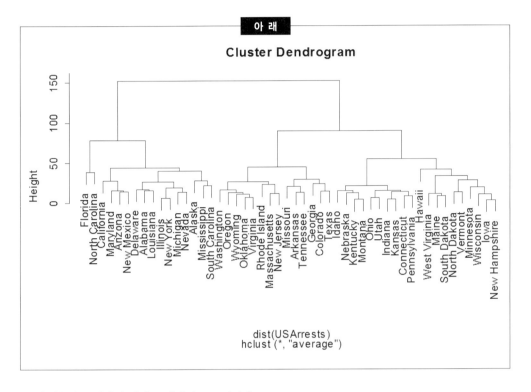

① 비계층적 군집화의 결과를 나타내는 그림이다.
② 군집 간의 거리를 정의하기 위해 평균연결법이 사용되었다.
③ 4개의 집단으로 군집화 할 경우 Florida는 California와 같은 집단에 속하지 않는다.
④ 군집 간의 거리를 정의하는 방법에 따라 서로 다른 군집화 결과를 얻을 가능성이 있다.

64 다음 중 개인과 집단들 간의 관계를 노드와 링크로 모델링해 그것의 위상구조와 확산 및 진화과정을 계량적으로 분석하는 방법론은 무엇인가?

① 감성분석(sentiment analysis)
② 사회연결망 분석(social network analysis)
③ 계층적 군집분석(hierarchical cluster analysis)
④ 텍스트마이닝(text mining)

65 텍스트마이닝 과정 중 얻은 아래 Document term matrix에 대한 설명으로 다음 중 가장 적절하지 않은 것은?

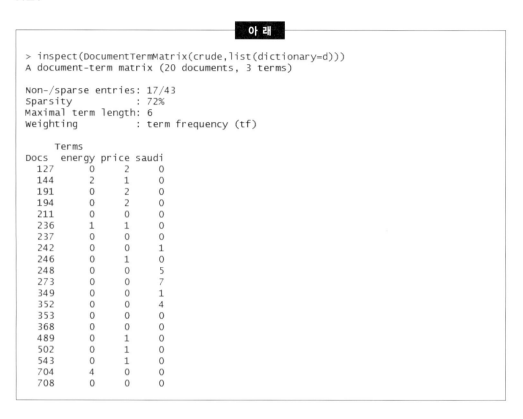

```
> inspect(DocumentTermMatrix(crude,list(dictionary=d)))
A document-term matrix (20 documents, 3 terms)

Non-/sparse entries: 17/43
Sparsity          : 72%
Maximal term length: 6
Weighting          : term frequency (tf)

      Terms
Docs  energy price saudi
 127      0     2     0
 144      2     1     0
 191      0     2     0
 194      0     2     0
 211      0     0     0
 236      1     1     0
 237      0     0     0
 242      0     0     1
 246      0     1     0
 248      0     0     5
 273      0     0     7
 349      0     0     1
 352      0     0     4
 353      0     0     0
 368      0     0     0
 489      0     1     0
 502      0     1     0
 543      0     1     0
 704      4     0     0
 708      0     0     0
```

① 사용된 corpus의 이름은 crude이다.

② 사용된 dictionary에는 "energy", "price", "saudi" 세 개의 단어만이 포함되어 있다.

③ 127번 document에는 "energy"와 "saudi"라는 단어가 포함되어 있지 않다.

④ document-term matrix의 60개 entry 중 72%가 0이 아닌 수를 가지고 있다.

66 사회연결망 분석에서 네크워크의 구조를 파악하기 위한 기법들 중 연결된 노드의 중요성에 가중치를 두어 노드의 중심성을 측정하는 방법으로 명성이 높은 사람들과 관계가 많을수록 자신의 명성 또한 높아지는 것은 무엇인가?

① 연결정도중심성(Degree centrality)

② 근접중심성(Closeness centrality)

③ 매개중심성(Betweenness centrality)

④ 위세중심성(Eigenvector centrality)

67 다음 중 시뮬레이션에 대한 설명으로 가장 부적절한 것은?

① 주어진 조건 하에서의 실제상황 속에서 모의실험을 통해 정보를 얻는 수리적 실험기법이다.
② 시뮬레이션 모형을 통해 여러 가지 대안을 쉽게 비교할 수 있다.
③ 확률적 시스템을 시뮬레이션 할 때 한 개의 표본값을 통해 결론을 얻을 수 있다.
④ 동적 시뮬레이션모델(static simulation model)은 시간에 따른 현상을 파악하기 위한 모델이다.

68 시뮬레이션에서 난수 발생시 동일한 난수가 발생되도록 초기화하는 R 함수는 무엇인가?

① set.seed()
② initialize()
③ start()
④ generate()

69 분석요건은 비즈니스 이슈로부터 도출되며 단순한 불편사항이나 불만사항을 요건으로 정의하면 비즈니스적 의미가 낮아진다. 따라서 다양한 이슈로부터 진정한 요건이 될 수 있는 항목을 선정하는 것이 매우 중요하다. 다음 중 분석요건 도출단계의 프로세스가 아닌 것은 무엇인가?

① 이슈 리스트 작성
② 핵심 이슈 정의
③ 모델링(알고리즘)
④ 해결 방안 정의

70 분석요건의 조건은 문제를 해결했을 때 투자수익(ROI)를 증명할 수 있어야 한다. 이를 증명할 수 없는 사항이라면 기업의 입장에서는 아무리 분석으로써 흥미로운 주제일지라도 선택하여 추진하기 어렵다. 다음 중 요건정의단계에서 수행할 내용으로 가장 부적절한 것은?

① 상세한 분석보다는 문헌조사 및 이해와 간단한 기초분석을 수행할 수 있다.
② 이 단계에서는 전문가의 방향성 제시와 이해 관계자들 간의 합의가 중요하다.
③ 요건정의에서는 이슈리스트 작성, 핵심 이슈 정의, 해결방안 정의 등이 주요 수행 업무이다.
④ 개별 분석 요건에 대해 상세하게 기술하여야 한다.

71 탐색적자료분석(EDA)은 해당 비즈니스 이해와 분석요건에 대한 구체적인 팩트를 발견해 통찰을 얻기 위해 수행하는 업무를 말한다. 다음 중 탐색적자료분석에서 수행되는 작업에 대한 설명으로 가장 부적절한 것은?

① 분석 목적과 요건, 데이터 특성을 기반으로 적합한 분석기법을 선정한다.
② 설계한 분석모형을 기준으로 높은 유의성을 보유한 변수들을 식별한다.
③ EDA를 통해 준비된 데이터의 가설 적합성과 충분성을 사전 검증한다.
④ 이 단계에서부터 데이터의 전문적인 시각화 구현까지 염두에 두어야 한다.

72 모델의 성능을 평가하는 기준은 분석 기법별로 다양하다. 다음 지표들 중 모델 성능 평가와 관련이 없는 것은 무엇인가?

① 정확도(Accuracy)
② 지지도(Support)
③ 정밀도(Precision)
④ 민감도(Sensitivity)

73 모든 모델링에서는 반드시 검증과 테스트를 거친다. 검증은 분석용 데이터를 훈련용(Training)과 검증용(Test)으로 분리한 다음 이 데이터를 이용해 자체 검증하며, 운영상황에서 실제 테스트는 분석 결과를 업무 프로세스에 가상으로 적용해 검증하는 실무 적용 직전의 활동이다. 다음 중 검증 및 테스트와 관련이 없는 것은 무엇인가?

① 운영상황에서 실제 테스트는 분석결과를 업무 프로세스에 가상으로 적용해 검증하는 활동이므로 사전 시나리오 없이 실시한다.
② 최종 테스트 결과를 기반으로 분석 모형의 실제 운영환경 적용을 판단할 수 있다.
③ 구축한 유사 운영환경에서 분석모형을 테스트하기 위한 절차를 설계할 수 있다.
④ 운영상황에서 실제로 테스트해 분석과 운영간의 연계를 검증할 수 있다.

74 데이터 분석을 위해서는 분석 방법에 맞게 데이터를 수집·변형하는 과정이 필요하다. 이러한 데이터 처리와 관계된 다음 설명 중 가장 부적절한 것은?

① 정제는 표준화와 잘못된 데이터를 수정하는 작업이 포함된다.
② 데이터 처리과정은 많은 시간과 노력이 필요하다. 제일 좋은 방법은 빠르게 원시모형(prototype)을 만드는 것이다.
③ 데이터마트는 기업의 분석업무에 대한 운영적 측면에서 활용성이 낮다.
④ 원하는 데이터 형태로 가공하는 과정은 분석 결과의 품질과 성능에 크게 영향을 미친다.

75 아래는 쥐(Rat)의 먹이 종류(Diet)에 따른 무게(Weight)의 시간(Time) 변화를 측정한 자료의 요약이다. 다음 중 이에 대한 설명으로 부적절한 것은?

```
아 래

> summary(BodyWeight)
    weight            Time          Rat       Diet
 Min.   :225.0   Min.   : 1.00   2    : 11   1:88
 1st Qu.:267.0   1st Qu.:15.00   3    : 11   2:44
 Median :344.5   Median :36.00   4    : 11   3:44
 Mean   :384.5   Mean   :33.55   1    : 11
 3rd Qu.:511.2   3rd Qu.:50.00   8    : 11
 Max.   :628.0   Max.   :64.00   5    : 11
                                 (Other):110
```

① Diet의 유형은 숫자형(numeric)으로 인식되었다.
② 데이터는 총 3가지 종류의 먹이를 포함한다.
③ 명령어 'mean(BodyWeight$Diet)'는 오류를 발생시킨다.
④ Weight의 평균은 384.5이다.

76 다음 중 표본을 추출하는 방법에 대한 설명으로 부적절한 것은?

① 단순랜덤추출법은 N개의 원소로 구성된 모집단에서 n개의 번호를 임의로 선택해 그 번호에 해당하는 원소를 표본으로 추출하는 방법이다.
② 계통추출법은 층화추출법의 변형된 형태로 N개의 모집단의 원소들을 n개의 계통으로 나눈 후 각 계통에서 표본을 랜덤하게 추출하는 방법이다.
③ 집락추출법은 모집단이 몇 개의 집락으로 결합된 형태로 구성되어 있고 각 집단에서 원소들에게 일련번호를 부여할 수 있는 경우에 이용된다.
④ 층화추출법은 이질적인 원소들로 구성된 모집단에서 각 계층을 고루 대표할 수 있도록 표본을 추출하는 방법이다.

77 표본조사나 실험을 실시하는 과정에서 추출된 원소들이나 실험 단위로부터 주어진 목적에 적합하도록 자료를 얻는 것을 측정이라고 한다. 다음 중 측정방법에 대한 설명으로 부적절한 것은?

① 명목측도는 측정 대상이 어느 집단에 속하는지 분류할 때 사용되는 척도이다.
② 순서척도는 측정 대상의 특성이 서열관계를 관측하는 척도이며 선택사항이 일정한 순서로 되어있다.
③ 구간척도는 측정 대상이 가지고 있는 속성의 양을 측정하는 것으로 측정결과가 숫자나 문자로 표현된다.
④ 비율척도는 절대적 기준인 0값이 존재하고 모든 사칙연산이 가능하며 제일 많은 정보를 가지고 있는 척도이다.

78 가설검정은 귀무가설이 옳다는 전제 하에서 검정통계량 값을 구한 후 이 값이 나타날 가능성의 크기에 의해 귀무가설 채택여부를 결정한다. 다음 중 가설검정과 관련된 설명으로 가장 부적절한 것은?

① 이러한 가능성이 '크다' 또는 '작다'의 판단기준을 유의수준이라 한다.
② 기각역이란 귀무가설이 옳다는 전제하에 구한 검정통계량의 분포에서 확률이 유의수준 α 인 부분을 말한다.
③ 귀무가설이 옳은데도 이를 기각하게 되는 오류를 제1종오류(Type I error)라고 하며, 귀무가설이 옳지 않은데도 이를 채택하게 되는 오류를 제2종오류(Type II error)라 한다.
④ 일반적으로 가설검정에서는 제2종오류의 크기를 0.01 등으로 고정시킨 뒤 제1종오류가 최소가 되도록 기각역을 설정한다.

79 두 가지 교육 방법의 효과를 비교하는 경우에는 동일인이 두 교육방법에 모두 적용될 수는 없으므로 교육대상자를 두 그룹으로 나누어 그룹별로 교육방법을 달리하여 비교하게 된다. 이와 같이 표본에 의한 비교를 할 때 요구되는 자료의 구조에 대한 설명으로 가장 부적절한 것은?

① 각 그룹에서의 관측값들은 각 모집단에서의 랜덤표본이다.
② 두 모집단의 평균을 비교하기 위해 비교 대상의 쌍들을 조사하고 각 쌍내의 차를 적용해야만 자료구조가 만족될 수 있다.
③ 서로 다른 그룹에서의 관측값들은 독립적으로 관측된 것이다.
④ 각 처리를 적용할 실험단위를 랜덤하게 하는 과정은 랜덤화의 과정으로 연구에서 가장 기본적이고 핵심적인 작업이다.

80 다음 중 명목척도가 아닌 것은 무엇인가?

① 성별
② 지역
③ 나이
④ 전화번호

※ 숫자, 영문 등의 맞춤법을 준수하여 작성하여 주십시오. (부분점수 없음)

단답13　아래 ⊙에 들어갈 말로 적절한 것은 무엇인가?

> **아래**
>
> 시계열 자료가 1)평균이 일정하고 2)분산이 시점에 의존하지 않으며 3)공분산은 시차에만 의존하고 실제 어느 시점에는 의존하지 않는다는 세 조건을 만족하면 (⊙)을(를) 가진다고 한다.

단답14　아래 데이터마이닝 추진 단계 중 ⊙에 들어갈 말로 적절한 것은 무엇인가?

> **아래**
>
> - 1단계: 목적 설정 – 데이터마이닝의 명확한 목적을 설정
> - 2단계: 데이터 준비 – 필요에 따라 웹로그 데이터나 SNS 데이터를 활용
> - 3단계: (⊙) – 모델링 목적에 따라 목적 변수를 정의하고 필요한 데이터를 데이터마이닝 소프트웨어에 적용할 수 있도록 함
> - 4단계: 기법 적용 – 앞 단계를 거쳐 준비한 데이터와 데이터 마이닝 소프트웨어를 활용해 목적하는 정보를 추출
> - 5단계: 검증 – 마이닝으로 추출한 정보를 검증

단답15　아래는 주성분 분석 결과의 일부이다. 2개의 주성분을 사용한다면 전체 변동의 몇 퍼센트(%)를 설명할 수 있는가?

> **아래**
>
> ```
> Importance of components:
>                          PC1     PC2     PC3     PC4
> Standard deviation     1.5749 0.9949 0.59713 0.41645
> Proportion of Variance 0.6201 0.2474 0.08914 0.04336
> Cumulative Proportion  0.6201 0.8675 0.95664 1.00000
> ```

단답16　아래에서 설명하고 있는 것은 무엇인가?

> **아래**
>
> 개인과 집단들 간의 관계를 노드와 링크로 모델링해 그것의 위상구조와 확산 및 진화과정을 계량적으로 분석하는 방법론으로 집합론적 방법, 그래프 이론을 이용한 방법, 행렬을 이용한 방법 등이 있다.

81 다음 중 이산형 확률분포가 아닌 것은 무엇인가?

① 이항분포(binomial distribution)
② 포아송분포(poisson distribution)
③ 기하분포(geometric distribution)
④ 지수분포(exponential distribution)

82 다음 중 신뢰구간에 대한 설명으로 부적절한 것은?

① 95% 신뢰구간보다 99% 신뢰구간이 짧다.
② 관측치의 수가 늘어나면 신뢰구간의 길이는 줄어든다.
③ 점추정의 정확성을 보완하는 방법이다.
④ 주어진 신뢰수준 하에서 모수가 특정한 구간에 있을 것이라고 선언하는 것이다.

83 다음 중 상관계수에 대한 설명으로 부적절한 것은?

① 피어슨 상관계수는 서열척도인 두 변수들의 상관관계를 측정하는데 사용된다.
② 상관계수 0은 두 변수간의 상관관계가 없음을 의미한다.
③ 상관계수가 양수 이면 두 변수 간에 양의 상관관계가 있음을 의미한다.
④ 상관계수가 −1에 가까울수록 강한 음의 상관관계를 갖는다.

84 아래는 GardenA와 GardenB에서 두 개의 독립 표본으로부터 나온 자료의 평균이 같은지를 테스트하기 위한 결과이다. 다음 중 이에 대한 설명으로 가장 부적절한 것은?

아 래

```
> t.test(gardenA,gardenB)

 Welch Two Sample t-test

data:  gardenA and gardenB
t = -3.873, df = 18, p-value = 0.001115
alternative hypothesis: true difference in means is not equal to 0
95 percent confidence interval:
 -3.0849115 -0.9150885
sample estimates:
mean of x mean of y
        3         5
```

① 양측검정의 결과를 보여준다.
② 유의수준 5%하에서 gardenA와 gardenB 사이에는 통계적으로 유의한 차이가 있다고 결론지을 수 있다.
③ 두 집단의 평균의 차이에 대한 95% 신뢰구간은 0을 포함하지 않는다.
④ 자료의 개수는 18개 이다.

85 아래는 1888년 스위스의 47개 지역의 출산률 자료를 사용해 회귀분석을 실시한 결과다. 최적회귀방정식을 선택하기 위해 후진제거법(backward elimination)으로 설명변수를 선택하려고 한다. 이때 가장 먼저 제거되어야 하는 설명변수는 무엇인가?

아 래

```
> summary(lm1 <- lm(Fertility ~ ., data = swiss))

Call:
lm(formula = Fertility ~ ., data = swiss)

Residuals:
     Min      1Q   Median      3Q     Max
-15.2743  -5.2617   0.5032   4.1198  15.3213

Coefficients:
                 Estimate Std. Error t value Pr(>|t|)
(Intercept)      66.91518   10.70604   6.250 1.91e-07 ***
Agriculture      -0.17211    0.07030  -2.448  0.01873 *
Examination      -0.25801    0.25388  -1.016  0.31546
Education        -0.87094    0.18303  -4.758 2.43e-05 ***
Catholic          0.10412    0.03526   2.953  0.00519 **
Infant.Mortality  1.07705    0.38172   2.822  0.00734 **
---
Signif. codes:  0 '***' 0.001 '**' 0.01 '*' 0.05 '.' 0.1 ' ' 1

Residual standard error: 7.165 on 41 degrees of freedom
Multiple R-squared:  0.7067,  Adjusted R-squared:  0.671
F-statistic: 19.76 on 5 and 41 DF,  p-value: 5.594e-10
```

① Agriculture

② Examination

③ Education

④ Catholic

86 아래의 산점도를 보고 x와 y의 상관계수로 가장 적절한 것을 고르시오.

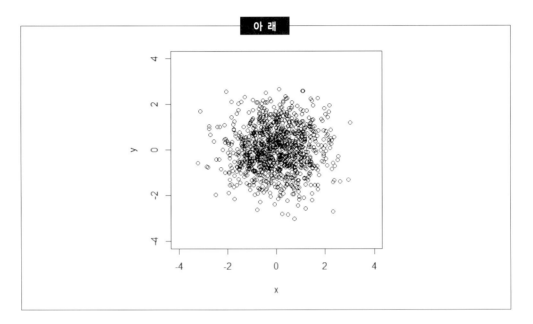

① 0

② 1

③ −1

④ 2

87 아래는 폐활량(lung capacity) 개선 약(drug vs. placebo)의 효과가 성별(male vs. female) 간에 차이가 있는지를 보기 위한 interaction plot이다. 각 점은 해당 범주에 속하는 환자의 폐활량의 평균이고 세로 점선은 평균에 대한 95% 신뢰구간을 나타낸다. 다음 중 아래에 대한 설명으로 가장 부적절한 것은?

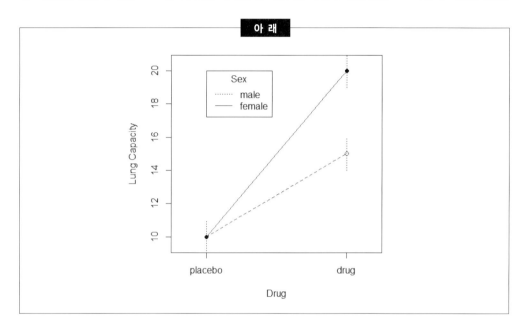

아 래

① male과 female은 모두 drug의 복용에 의한 폐활량 개선의 효과가 있다.
② Placebo를 복용한 경우 male과 female간의 폐활량에 차이가 없다.
③ Drug은 female에 비해 male에게 효과적이다.
④ Drug과 Sex 간에 교호작용이 존재한다.

88 시각화 기술은 주로 데이터 분석의 전처리 단계에서 사용된다. 데이터 시각화 기술 중 두 변수간의 관계를 점으로 나타내는 방법인 산점도를 통해 관찰해야 하는 자료의 특징이 아닌 것은?

① 변수들 사이의 관계를 왜곡 시키는 이상점(outlier)을 찾는 경우에 유용
② 자료의 분산 정도를 보여줌
③ 선형(linear) 또는 비선형(nonlinear) 관계의 여부
④ 원인과 결과의 시간적 선후 관계 여부

89 다음 중 회귀분석의 가정으로 가장 부적절한 것은?

① 독립변수와 종속변수가 선형관계를 가짐
② 종속변수가 정규분포를 따름
③ 독립변수의 모든 값에 대해 오차들의 분산이 일정함
④ 관측치의 잔차끼리 상관이 없음

90 다음 중 다중회귀분석에서 설명변수들 간에 다중공선성(Multicollinearity)이 존재할 때 발생하는 문제점에 대한 해결 방안이 아닌 것은?

① 중요하지 않은 변수일 경우 해당 변수를 제거한다.
② 변수의 설명력을 유지하기 위해 변수 통합은 권장하지 않는다.
③ 능형회귀, 주성분회귀 등 편의추정법을 사용한다.
④ 자료 부족이 원인일 경우 자료를 보완한다.

91 상관분석은 데이터 안의 두 변수 간의 관계를 알아보기 위한 것이다. 다음 중 상관분석에 대한 설명으로 가장 부적절한 것은?

① 두 변수의 상관관계를 알아보기 위해 상관계수를 이용한다.
② 피어슨 상관계수는 등간척도 이상으로 측정되는 두 변수간의 상관관계를 측정하는데 사용된다.
③ 스피어만 상관계수는 서열척도인 두 변수간의 상관관계를 측정하는데 사용된다.
④ 상관분석은 두 변수간의 연관 정도를 나타낼 뿐만 아니라 인과관계를 설명해준다.

92 다음 중 통계분석 결과 p-값이 0.01이 나왔을 때, 이에 대한 설명으로 가장 적절한 것은?

① 이 결과가 우연히 나올 확률이 1/00이다.
② 이 결과가 틀릴 확률이 1%이다.
③ 귀무가설이 사실일 때 이러한 결과가 나올 확률이 1/100이다.
④ 대립가설이 사실일 때 귀무가설을 받아들일 확률이 1%이다.

93 시계열분석의 주목적은 외부인자와 관련하여 계절적인 패턴, 추세와 같은 요소를 설명할 수 있는 모델을 결정하는 것이다. 다음 중 시계열 데이터에 대한 설명으로 가장 부적절한 것은?

① 추세(trend)란 한 시점에서 다음 시점으로의 전반적인 패턴변화를 말한다.
② 짧은 기간 동안의 주기적인 패턴을 계절변동(seasonality)이라 한다.
③ 잡음(noise)은 무작위적인 변동이지만 일반적으로 원인은 알려져 있다.
④ 수준(level)은 시계열의 평균값을 말한다.

94 아래의 '가'는 데이터의 일부분과 자료의 요약이다. 반응변수는 성장률(Growth.rate)이고 설명변수는 실험에 사용된 물을 수집한 강(Water), 투입세제종류(Detergent), 복제 물벼룩(Daphnia)으로 구성된다. 투입세제종류별로 평균을 산출해 '나'의 결과를 얻기 위한 적절한 코드를 고르시오.

아 래

가.
```
> head(data)
  Growth.rate Water Detergent Daphnia
1    2.919086  Tyne    BrandA  Clone1
2    2.492904  Tyne    BrandA  Clone1
3    3.021804  Tyne    BrandA  Clone1
4    2.350874  Tyne    BrandA  Clone2
5    3.148174  Tyne    BrandA  Clone2
6    4.423853  Tyne    BrandA  Clone2


> summary(data)
  Growth.rate       Water      Detergent      Daphnia
 Min.   :1.762   Tyne:36    BrandA:18    Clone1:24
 1st Qu.:2.797   Wear:36    BrandB:18    Clone2:24
 Median :3.788              BrandC:18    Clone3:24
 Mean   :3.852              BrandD:18
 3rd Qu.:4.807
 Max.   :6.918
```

나.
```
  BrandA    BrandB    BrandC    BrandD
3.884832  4.010044  3.954512  3.558231
```

① attach(data);tapply(Growth.rate,Water,mean)
② attach(data);tapply(Growth.rate,Detergent,mean)
③ attach(data);tapply(Growth.rate,Detergent,median)
④ attach(data);tapply(Growth.rate,Water,median)

과목 : 데이터 분석

95 아래의 Q-Q Plot 중 가장 정규분포와 가장 가까운 것은 무엇인가?

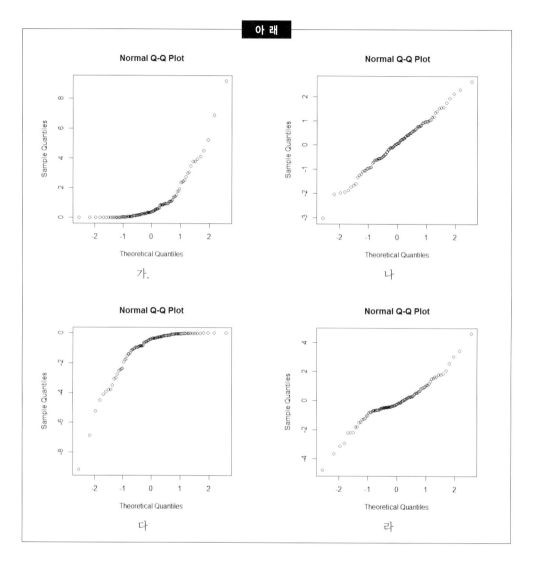

① 가
② 나
③ 다
④ 라

96 이상치(Outlier) 검색은 분석에서 전처리를 어떻게 할지 결정할 때 사용할 수 있다. 다음 중 이상치(outlier)에 대한 설명으로 가장 부적절한 것은?

① 통상 "평균으로부터 표준편차의 3배가 넘는 범위의 데이터"라는 기준으로 이상치를 정의한다.
② 군집분석을 이용하여 다른 데이터들과 거리상 떨어진 데이터를 이상치로 판정한다.
③ 회귀분석에서는 설명변수의 동일수준의 다른 관측치에 비해 종속변수의 값이 상이한 점을 이상치로 판정한다.
④ 데이터에는 측정이나 잘못된 입력으로 인해 이상치(Outlier)가 포함될 수 있다. 이러한 이상치는 반드시 제거하고 분석하는 것이 바람직하다.

97 다음 중 결측값에 대한 설명으로 가장 부적절한 것은?

① 결측값은 NaN으로 표기된다.
② 함수 is.na를 통해 결측값의 유무를 확인 할 수 있다.
③ 벡터 x에서 결측값을 제외한 평균 계산을 위해 mean(x, na.rm=T)를 사용할 수 있다.
④ Amelia II, Mice, mistools 등의 패키지를 사용해 결측값 처리를 할 수 있다.

98 다음 중 분류(classification)를 위한 중요변수의 선택에 활용되는 R 패키지가 올바르게 짝지어진 것은 무엇인가?

① (reshape, klaR)
② (klaR, party)
③ (party, sqldf)
④ (class, plyr)

99 분류(classification) 작업의 목적은 분류되지 않은 데이터에 적용되어 분류할 수 있도록 해주는 모형을 만드는 것이다. 새로 나타난 대상의 특징을 살펴보고, 사전에 정의된 분류의 집합들에 할당하는 과정들을 포함한다. 다음 중 분류 작업과 관련된 설명으로 가장 부적절한 것은?

① 분류 작업의 특징은 클래스들에 대한 사전에 명확한 정의가 존재하며 미리 분류된 예들로 구성된 훈련집합을 가진다는 것이다.
② 분류를 위해 사용되는 데이터마이닝 기법은 K-NN, 의사결정나무모형, 신경망모형 등이 있다.
③ 신용평가 대상자를 위험도에 따라 상중하로 분류하는 경우 등이 이에 해당한다.
④ 분류분석은 군집분석처럼 각 계급이 어떻게 정의되는지 미리 알 필요가 없다.

100 다음 중 데이터마이닝을 통해 수행할 수 있는 작업에 대한 설명으로 가장 부적절한 것은?

① 분류(classification)는 연속형의 결과를 다루며 추정(estimation)은 이산형 값을 가지는 결과를 다룬다.
② 예측(prediction)은 분류 또는 추정과 동일하지만 미래의 행위를 분류하거나 미래의 값을 추정한다는 점에서 차이가 난다.
③ 연관성규칙(association rule)작업은 어떤 일이 함께 발생할지를 판단하는 것이다.
④ 군집화(clustering)는 이질적인 사람들의 모집단으로부터 다수의 동질적인 하위집단 혹은 군집들로 세분화하는 작업이다.

※ 숫자, 영문 등의 맞춤법을 준수하여 작성하여 주십시오. (부분점수 없음)

단답17 아래의 거래데이터에서 추출된 연관규칙 중 하나인 "콜라→맥주"의 지지도는 0.5이다. 신뢰도를 계산하시오.

아 래

거래번호	판매상품
1	소주, 콜라, 맥주
2	소주, 콜라, 와인
3	소주, 주스
4	콜라, 맥주
5	소주, 콜라, 맥주, 와인
6	주스

단답18 텍스트 데이터 등 비정형 데이터를 다루는 분석 기법인 비정형 데이터마이닝은 최근 10여년 사이에 급속히 발전하였다. 비정형 데이터마이닝 분석 방법 중 특정기간별 발생 문서량(예: 온라인에서 언급된 횟수)의 추이를 분석하는 것을 무엇이라 하는가?

단답19 아래의 R코드를 실행했을 때 출력되는 결과는 무엇인가?

아 래

```
> x <- matrix(c(1:12),3,4)
> min(apply(x,1,mean)) + max(apply(x,2,mean))
```

단답20 회귀분석의 첫 단계는 산점도를 이용하여 두 변수의 대략적인 관계를 파악하는 것이다. 이 때 직선관계로 그 관계를 어느 정도 설명할 수 있을 것으로 판단되면 잔차(Residual)의 선형성, 등분산성, 독립성, 정규성 등을 검토하게 된다. 이와 같이 잔차를 이용하여 가정을 검토하는 과정은 무엇인가?

101 하나의 자료 분석 시 여러 가지 가능한 모형을 개발하게 되는데 이중에서 최적의 모형을 선택하기 위해 모형 평가를 실시하게 된다. 다음 중 모형 평가에 대한 설명으로 가장 부적절한 것은?

① 고려된 모형들 중 어느 모형이 가장 좋은 예측력을 보유하고 있는지 비교분석하는 것이다.
② 모형 평가 시 예측력, 해석력, 효율성, 안정성 등의 측면에서 평가가 이루어진다.
③ 데이터의 양이 충분하지 않은 경우 모형을 평가하는 방법에는 Bootstrapping이 많이 쓰인다.
④ 과적합(overfitting)이란 매우 복잡한 모형을 사용하여 학습오차를 작게 한 경우 예측오차가 매우 커질 수 있는 현상을 말한다.

102 다음 중 의사결정나무에 대한 설명으로 가장 부적절한 것은?

① 분류함수를 의사결정 규칙으로 이뤄진 나무모양으로 그리는 방법이다.
② 여러 예측변수들에 근거해 목표변수의 범주를 몇 개의 등급으로 분류하는 데 활용할 수 있다.
③ 매우 많은 수의 예측변수 중에서 목표변수에 큰 영향을 미치는 변수를 골라내는 데 활용할 수 있다.
④ 변수들 간의 인과관계를 규명하는데 사용할 수 있다.

103 다음 중 의사결정나무(Decision Tree) 분석을 활용한 예가 아닌 것은 무엇인가?

① 고객을 신용도에 따라 우량 또는 불량으로 구분
② 다수의 예측변수 중에서 목표변수에 큰 영향을 미치는 변수를 탐색
③ 고객속성에 따라 고객을 여러 개의 배타적인 집단으로 구분
④ 웹사이트 회원들이 가장 잘 반응하는 이메일 마케팅 모델 구축

104 다음 중 아래의 ROC (Receiver operating characteristic) curve에 대한 설명으로 가장 부적절한 것은?

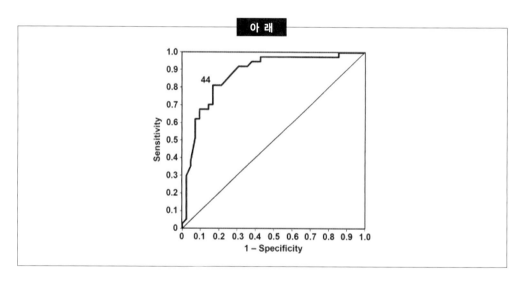

아 래

① 분류분석 결과의 성과분석을 위한 그림이다.
② ROC curve가 45도 선에 가까울수록 좋은 분류분석 결과를 나타낸다.
③ AUC(Area Under Curve)가 클수록 좋은 분류분석 결과를 나타낸다.
④ ROC 분석을 지원하는 R의 ROCR 패키지는 Binary classification에서만 사용가능하다.

105 다음 중 군집분석에 대한 설명으로 가장 부적절한 것은?

① 관측치의 특성에 따라 여러 개의 배타적인 집단으로 나누는 분석방법이다.
② linkage clustering은 계층적 군집분석 방법의 하나이다.
③ K-means clustering 방법은 알고리즘 수행 과정에서 한 개체가 속해있던 군집에서 다른 군집으로 이동해 재배치가 가능하다.
④ K-means clustering의 결과로 군집화 dendrogram을 그려 결과를 확인 할 수 있다.

106 다음 중 회귀분석에서 변수선택에 대한 설명으로 가장 부적절한 것은?

① 전진선택법은 중요하다고 생각되는 설명변수를 차례로 모형에 추가한다.
② 후진제거법은 모든 설명변수를 포함한 모형에서 출발해 종속변수의 설명에 가장 적은 영향을 주는 변수부터 제거한다.
③ 모든 가능한 조합의 회귀분석은 한번 제거된 변수는 다시 모형에 추가될 수 없다.
④ 단계별방법은 전진선택법에 의해 변수를 추가하면서 새롭게 추가된 변수에 기인해 기존 변수의 중요도가 약화되면 제거한다.

107 여러 개의 모형을 결합하여 개별 모형보다 좋은 예측성능을 얻는 분석기법으로, 대표적인 알고리즘에는 bagging, boosting, random forest 등이 있다. 이 분석기법은 무엇인가?

① 차원축소
② 고차원회귀분석
③ 최적화
④ 앙상블

108 아래 명령어를 수행한 후 보기의 명령어들을 수행하였다. 다음 보기의 명령 중 에러가 발생되는 것은 무엇인가?

아래

```
fruit <- c(5, 10, 1, 2)
names(fruit) <- c("orange", "banana", "apple", "peach")
```

① fruit[c("apple", "banana")]
② fruit[1:2]
③ fruit[-2:3]
④ fruit[fruit > 5]

109 다음 중 모형개발을 위한 데이터 준비작업의 순서가 올바르게 나열된 것은 무엇인가?

① 데이터 추출 → 데이터 정제 → 데이터 파생 → 데이터 분할
② 데이터 추출 → 데이터 정제 → 데이터 분할 → 데이터 파생
③ 데이터 추출 → 데이터 분할 → 데이터 정제 → 데이터 파생
④ 데이터 추출 → 데이터 분할 → 데이터 파생 → 데이터 정제

110 아래와 같은 R 코드의 출력 결과로 적절한 것은?

아 래

```
> x <- 2
> 1 : x - 1
```

① [1] 1
② [1] 2
③ [1] 0 1
④ [1] 1 2

111 다음 중 나머지 세 개의 명령과 다른 결과를 주는 명령은 무엇인가?

① seq(1, 10, 2)
② seq(b=2, f=1, t=10)
③ seq(from=1, to=10, length=5)
④ 1:5*2-1

112 다음 중 아래와 같은 R 코드의 출력 결과로 맞는 것은 무엇인가?

아 래

```
> m <- matrix(1:6,nrow=3)
> m[m[,1] > 1 & m[,2] > 5,]
```

① [1] 2 3
② [1] 5 6
③ [1] 2 5
④ [1] 3 6

113 아래는 R 명령을 수행시킨 결과이다. 다음의 서술 중 가장 부적절한 것은?

아 래

```
> summary(iris)
  Sepal.Length    Sepal.Width    Petal.Length    Petal.Width          Species
 Min.   :4.300   Min.   :2.000   Min.   :1.000   Min.   :0.100   setosa    :50
 1st Qu.:5.100   1st Qu.:2.800   1st Qu.:1.600   1st Qu.:0.300   versicolor:50
 Median :5.800   Median :3.000   Median :4.350   Median :1.300   virginica :50
 Mean   :5.843   Mean   :3.057   Mean   :3.758   Mean   :1.199
 3rd Qu.:6.400   3rd Qu.:3.300   3rd Qu.:5.100   3rd Qu.:1.800
 Max.   :7.900   Max.   :4.400   Max.   :6.900   Max.   :2.500
```

① 데이터프레임 iris는 5개의 변수를 포함한다.
② 데이터프레임 iris에 속한 변수 중 1개의 변수는 요인(factor)이다.
③ 데이터프레임 iris는 제 1 사분위수가 0.3인 변수를 포함한다.
④ 데이터프레임 iris는 100개의 관측치를 갖는다.

114 아래 그림은 닭 사료의 종류(feed)와 닭의 성장(weight)의 관측치를 포함하고 있다. 이를 통해 추론 가능한 사실로 가장 부적절한 것은?

아 래

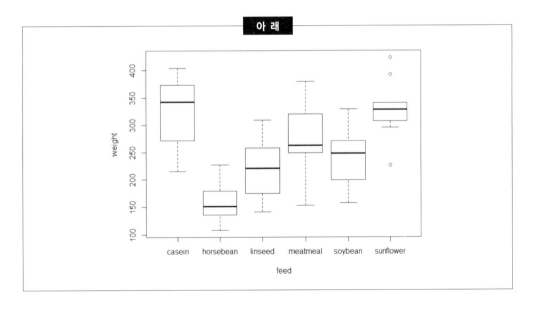

① casein이 포함된 사료를 먹은 닭의 몸무게 중위수가 가장 크다.
② sunflower가 포함된 사료를 먹은 닭 중 세 마리는 이상치의 몸무게를 가진다.
③ horsebean에 비해 meatmeal을 먹은 닭들의 몸무게의 분산이 더 작을 것이다.
④ horsebean이 닭의 성장을 촉진하는데 가장 비효율 적이다.

115 아래는 University of California, Berkeley의 어느 학과의 대학원 지원자에 관한 정보를 바탕으로 그린 Mosaic plot이다. 다음의 설명 중 가장 부적절한 것은?

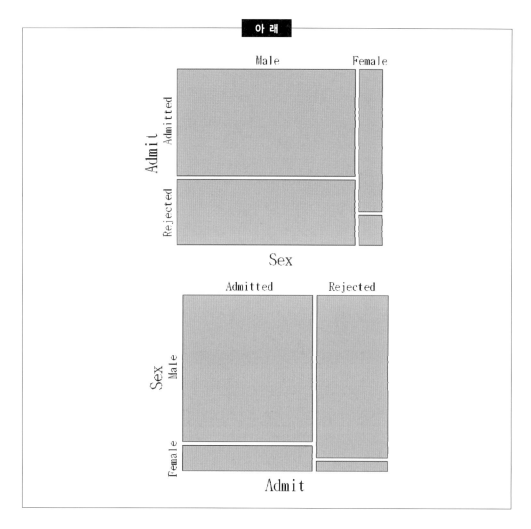

① 여성의 합격률이 더 높다.
② 합격한 학생들 중 남성의 비율이 더 높다.
③ 지원자 중 남성의 비율이 더 높다.
④ 불합격자 중 남성의 비율이 더 낮다.

116 아래는 흡연빈도[자주(Freq), 전혀 안함(None), 가끔(Some)]와 운동량[많이(Heavy), 전혀안함(Never), 가끔(Occas), 정기적(Regul)]과의 관계를 조사한 자료를 요약한 표와 카이제곱검정 결과를 나타낸 것이다. 다음 설명 중 부적절한 것은?

아래

```
> tbl

        Freq None Some
  Heavy    7    1    3
  Never   87   18   84
  Occas   12    3    4
  Regul    9    1    7

> round(prop.table(tbl,margin=2),2)

        Freq None Some
  Heavy 0.06 0.04 0.03
  Never 0.76 0.78 0.86
  Occas 0.10 0.13 0.04
  Regul 0.08 0.04 0.07

> chisq.test(tbl)

 Pearson's Chi-squared test

data:  tbl
X-squared = 5.4885, df = 6, p-value = 0.4828
```

---

① 자주 흡연하는 사람 중 76%가 운동을 전혀 하지 않는다.
② 운동을 전혀 하지 않는 사람의 비율은 가끔 흡연하는 사람들에게서 가장 높다.
③ 카이제곱검정의 귀무가설은 "흡연빈도와 운동량은 서로 관계가 있다" 이다.
④ 유의수준 0.05에서 흡연빈도와 운동량 간에 통계적으로 유의한 관계가 없다.

117 다중공선성(Multicollinearity)이란 독립변수들 간에 높은 선형관계가 존재하는 것을 말한다. 이러한 상관관계가 높은 변수들이 회귀분석에 포함되었을 때는 많은 문제점이 발생한다. 다음 중 이에 대한 설명으로 부적절한 것은?

① 중요하지 않은 변수일 경우, 해당 변수를 제거하는 방법을 사용한다.
② 분산팽창요인(variance inflation factor)를 구하여 이 값이 10을 넘는다면 다중공선성의 문제가 있는 것으로 판단한다.
③ 상관관계가 낮아지도록 변수 값을 조정한다.
④ 결정계수 값은 높으나 독립변수의 p-값이 커서 개별 인자들이 유의하지 않을 경우 다중공선성을 의심해보아야 한다.

118 가설검정이란 모집단에 대한 어떤 가설을 설정한 뒤에 표본 관찰을 통해 그 가설의 채택여부를 결정하는 분석 방법이다. 다음 중 가설검정과 관련된 설명으로 부적절한 것은?

① 유의확률이란 검정통계량이 실제 관측된 값보다 대립가설을 지지하는 방향으로 더욱 치우칠 확률을 의미한다.

② 기각역이란 귀무가설이 옳다는 전제하에 계산한 검정통계량의 분포에서 확률이 유의수준 α 인 부분을 의미한다.

③ 귀무가설이 옳은데도 이를 기각하게 되는 오류를 제1종오류(Type I error)라고 하며, 귀무가설이 옳지 않은데도 이를 채택하게 되는 오류를 제2종오류(Type II error)라 한다.

④ 유의확률은 귀무가설하에서 계산된 값이며, 유의확률이 클수록 귀무가설에 대한 반증이 강한 것을 의미한다.

119 다음은 어떤 데이터프레임에 함수 cor을 적용하여 얻은 결과이다. 다음 서술 중 부적절한 것은?

```
                   아 래

          mpg        cyl        disp        hp
mpg    1.0000000  -0.8521620  -0.8475514  -0.7761684
cyl   -0.8521620   1.0000000   0.9020329   0.8324475
disp  -0.8475514   0.9020329   1.0000000   0.7909486
hp    -0.7761684   0.8324475   0.7909486   1.0000000
```

① 이 데이터프레임은 4개의 변수를 포함한다.

② 이 데이터프레임에 포함된 서로 다른 두 개의 변수 간의 가장 큰 상관계수 값은 1이다.

③ 이 데이터프레임에 포함된 서로 다른 두 개의 변수 간의 음의 선형관계가 가장 강한 변수들은 cyl과 mpg이다.

④ 이 데이터프레임에 포함된 서로 다른 두 개의 변수 간의 양의 선형관계가 가장 강한 변수들은 cyl과 disp이다.

120 아래 '가'의 R 코드를 수행한 후'나'와 같이 재구성된 데이터를 얻기 위해 사용해야 하는 다음 cast 함수 중 올바른 것은 무엇인가?

아 래

```
가.
> df
   age gender income region
1  20     F    1000     S
2  30     M    2000     S
3  40     M    3000     G
4  50     F    4000     G
> df.melt <- melt(df, id.vars=c("gender","region"))


나.
  gender G_age G_income S_age S_income
1      F    50     4000    20     1000
2      M    40     3000    30     2000
```

---

① cast(df.melt, gender + variable ~ region)

② cast(df.melt, gender ~ variable + region)

③ cast(df.melt, gender + region ~ variable)

④ cast(df.melt, gender ~ region + variable)

※ 숫자, 영문 등의 맞춤법을 준수하여 작성하여 주십시오. (부분점수 없음)

단답21 아래는 R의 acf 함수를 이용해 어떤 시계열 자료의 자기상관계수를 구한 결과이다. 래그 2의 자기상 관계수의 값은 무엇인가?

아 래

```
> acf(lh, plot=F)
Autocorrelations of series 'lh', by lag
     0     1     2      3      4      5      6      7      8      9     10     11
 1.000 0.576 0.182 -0.145 -0.175 -0.150 -0.021 -0.020 -0.004 -0.136 -0.154 -0.097
    12    13    14     15     16
 0.049 0.120 0.087  0.119  0.151
```

단답22 다음은 어떤 슈퍼마켓에서 고객 5명의 장바구니별 구입품목이 다음과 같다고 하자. 연관규칙 {빵} → {우유}에 대한 지지도와 신뢰도를 구하시오.

아 래

```
장바구니        구입품목
   1        {빵, 맥주, 우유}
   2        {빵, 우유, 계란}
   3        {맥주, 우유}
   4        {빵, 맥주, 계란}
   5        {빵, 맥주, 우유, 계란}
```

단답23 연관분석을 수행하기 위해 빈발 아이템 집합과 연관규칙이라고 하는 두 가지 형태로 표현하는, 연관성 분석을 수행하는 대표적인 1세대 알고리즘은 무엇인가?

단답24 실제상황을 수학적으로 모델화 하고 그 모델을 컴퓨터에 프로그램으로 저장한 후에 일어날 수 있는 가능한 모든 상황을 입력함으로써 각각의 경우에 어떤 결과가 도출되는지 예측하는 것은 무엇인가?

121 다음 중 R에서 산점도 행렬을 도식할 때 사용하는 함수로 올바른 것은 무엇인가?

① hist()
② pairs()
③ ggmap()
④ boxplot()

122 의사결정나무모형 구축 시 최적의 분할 변수를 선택할 때 사용하는 불순도 척도(Impurity measure)가 아닌 것은 무엇인가?

① 엔트로피(entropy)
② 지니계수(Gini coefficient)
③ 분류오류율(classification error rate)
④ ROC(Receiver Operating Characteristic)

123 아래는 대기오염 정도(Pollute)를 반응변수로 하는 나무모형의 적합결과이다. 다음 설명 중 부적절한 것은?

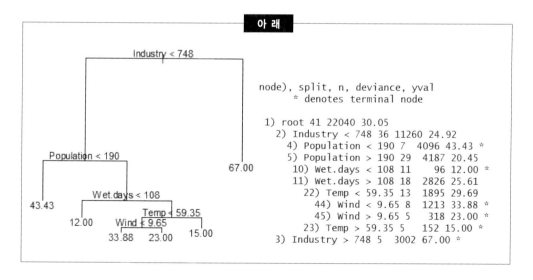

```
node), split, n, deviance, yval
      * denotes terminal node

 1) root 41 22040 30.05
   2) Industry < 748 36 11260 24.92
     4) Population < 190 7  4096 43.43 *
     5) Population > 190 29  4187 20.45
     10) Wet.days < 108 11    96 12.00 *
     11) Wet.days > 108 18  2826 25.61
       22) Temp < 59.35 13  1895 29.69
         44) Wind < 9.65 8  1213 33.88 *
         45) Wind > 9.65   318 23.00 *
       23) Temp > 59.35 5   152 15.00 *
   3) Industry > 748 5  3002 67.00 *
```

① 산업화(Industry)가 대기오염 정도에 영향을 미치는 가장 중요한 변수이다.
② 인구밀도(Population)이 높은 경우 습한 날(Wet.days)가 오염의 주 원인이다.
③ 습한 날이 108일 이상인 지역에서 오염도 차이를 설명하는 가장 중요한 변수는 풍속(Wind)이다.
④ 습한 날이 많고 기온(Temp)이 낮은 지역에서는 바람이 많은 지역이 오염도가 상대적으로 적다.

124 다음 중 k-means 군집법의 특징이 아닌 것은 무엇인가?

① 한 개체가 속해있던 군집에서 다른 군집으로 이동해 재배치가 가능하지 않다.
② 초기값 선택이 최종 군집 선택에 영향을 미친다.
③ 초기 군집수를 결정하기 어렵다.
④ 각 데이터를 거리가 가장 가까운 seed가 있는 군집으로 분류한다.

125 다음 중 신경망분석에 대한 설명으로 부적절한 것은?

① 은닉층과 은닉마디의 적절한 개수를 결정하기 어렵다.
② 효과적인 결합함수와 활성함수를 선택해야 한다.
③ 독립변수 간 교호작용을 쉽게 파악할 수 있다.
④ 간혹 최적해에 도달하지 못할 수도 있다.

126 다음 정형데이터 마이닝 기법 중 타깃(Target)변수가 없는 데이터에서 우리가 몰랐던 숨어있던 유용한 데이터구조를 찾고자 하는 자율학습(Unsupervised learning)기법에 속하는 것은 무엇인가?

① 인공지능(신경망) 분석
② 로지스틱회귀분석
③ 의사결정나무 분석
④ 군집분석

127 텍스트분석에서 주어진 문장에 얼마나 긍정적 또는 부정적인 단어가 많이 사용되었는지를 기반으로 하여, 긍정 또는 부정 문장으로 판정하고자하는 분석은 무엇인가?

① Web Mining
② Image Mining
③ Process Mining
④ Opinion Mining

128 텍스트마이닝에서 Term-Document Matrix를 만드는 과정의 전처리과정으로 수행하는 일이 아닌 것은 무엇인가?

① space 제거
② word cloud 생성
③ stopword 처리
④ stemming

129 소셜네트워크분석을 위해 R에서 아래와 같은 값을 갖는 소시오매트릭스(Socio-matrix) A를 생성했다고 가정하자. 다음 중 sna 패키지에서 제공하는 함수 gden(A)를 실행하면 출력되는 결과는 무엇인가?

아 래

```
> A
    M1 M2 M3 M4 M5
M1   0  1  1  0  1
M2   0  0  1  0  0
M3   1  0  0  1  0
M4   0  0  0  0  0
M5   1  0  0  0  0
```

① 0.20
② 0.25
③ 0.30
④ 0.35

130 다음 중 R에서 사용하는 객체의 이름으로 적당하지 않은 것은 무엇인가?

① .2ab
② abc
③ a.b
④ a2b

131 다음 중 데이터 시각화에 대한 설명으로 가장 부적절한 것은?

① 가장 낮은 수준의 분석이지만 잘 사용하면 매우 효과적일 수 있다.
② 공간적 차원과 관련된 속성을 시각화에 추가한 것이 공간분석이다.
③ 데이터 분석 결과를 쉽게 이해할 수 있도록 시각적으로 표현하고 전달하는 과정을 말한다.
④ 빅데이터의 시각화 측면에서는 모든 데이터를 살펴보는 것에 제약이 따르기 때문에 시각화 방법론적 요소의 중요성이 줄어들고 있다.

132 다음 중 R에 사용가능한 데이터 오브젝트(data object)에 관한 설명으로 가장 적절한 것은?

① 벡터(vector)에서 모든 원소는 같은 모드를 갖고 있어야 한다.
② 데이터프레임(data frame)은 테이블로 된 데이터 구조로 행렬로 구현된다.
③ 리스트(list)에서 원소들은 다른 모드여도 된다.
④ 행렬(matrix)는 차원을 가진 벡터이다.

133 다음 중 구간 척도에 해당하는 것은 무엇인가?

① 성별(남, 여)
② 선호도(아주 좋아한다, 좋아한다, 그저 그렇다, 싫어한다, 아주 싫어한다.)
③ 온도
④ 무게

134 다중회귀분석에서 통계적으로 유의한 독립변수들로 회귀모형이 결정되면, 여러 개의 독립변수 중 어느 변수가 종속변수에 더 큰 영향을 미치는지 파악할 필요가 있다. 다음 중 종속변수를 설명하는데 더 중요한 독립변수로 가장 적절한 것은?

① 종속변수와의 상관관계분석에서 상관계수가 가장 큰 변수
② 원자료로 추정한 계수(coefficient)가 가장 큰 변수
③ 표준화 자료로 추정한 계수(coefficient)가 가장 큰 변수
④ p-값이 가장 작은 변수

135 다음 중 시계열 자료에 사용하는 모형이 아닌 것은 무엇인가?

① 주성분분석
② 자기회귀모형(AR)
③ 자기회귀누적이동평균모형(ARIMA)
④ 이동평균모형(MA)

136 다음 중 귀무가설이 잘못되었음에도 불구하고 이를 받아들이는 오류는 어디에 속하는가?

① 제1종 오류(Type I error, α)를 범하는 것이다.
② 제2종 오류(Type II error, β)를 범하는 것이다.
③ 제1종 오류와 제2종 오류를 모두 범하는 것이 아니다.
④ 제1종 오류와 제2종 오류를 모두 범하는 것이다.

137 다음 중 상관(correlation)계수에 대한 설명으로 옳은 것을 2개 고르시오.

① 두 변수 간의 인과관계를 보여준다.
② 비선형적인 관계는 보여주지 못한다.
③ 절대값이 크면 밀접한 관계가 있는 것이다.
④ 공분산(covariance)에서 각 변수의 평균을 조정해 주는 것이다.

138 다음 중 회귀분석의 가정이 아닌 것은 무엇인가?

① 종속변수가 정규분포를 이뤄야 한다.
② 독립변수와 종속변수 사이에 선형성이 존재해야 한다.
③ 독립변수의 모든 값에 대해 오차들의 분산이 일정하다.
④ 잔차들끼리 상관이 없어야 한다.

139 다음 중 다중회귀분석에서 변수 선택방법에 대한 설명으로 가장 부적절한 것은?

① 모든 가능한 조합의 회귀분석 (All possible regression)은 가능한 독립변수의 조합에 대한 회귀모형을 분석해 가장 적합한 회귀모형을 선택한다.
② 전진선택법(forward selection)은 중요하다고 생각되는 설명변수부터 차례로 모형에 추가한다.
③ 후진선택법(backward selection)은 전진선택법과 언제나 동일한 결과를 주지는 않는다.
④ 전진선택법으로 변수를 추가할 때 기존의 변수들의 중요도는 영향을 받지 않는다.

140 아래의 왼쪽은 식물의 영양제의 효과를 알아보기 위한 실험을 통해 얻은 데이터로 변수 weight는 식물의 무게 측정치이고, 변수 group은 control 과 treatment 그룹을 구분한다. 아래의 오른쪽은 Treatment 그룹은 1로 control그룹은 0으로 하는 더미변수(groupTrt)를 사용하여 weight에 대한 회귀식을 추정한 결과이다. Control과 treatment 그룹 간의 무게가 통계적으로 유의하게 차이가 있는지에 대한 결론으로 가장 적절한 것은?

```
                    아 래

    weight group
1    4.17   Ctl
2    5.58   Ctl
3    5.18   Ctl
4    6.11   Ctl      Call:
5    4.50   Ctl      lm(formula = weight ~ group)
6    4.61   Ctl
7    5.17   Ctl      Residuals:
8    4.53   Ctl          Min      1Q  Median      3Q     Max
9    5.33   Ctl      -1.0710 -0.4938  0.0685  0.2462  1.3690
10   5.14   Ctl
11   4.81   Trt      Coefficients:
12   4.17   Trt                  Estimate Std. Error t value Pr(>|t|)
13   4.41   Trt      (Intercept)   5.0320     0.2202  22.850 9.55e-15 ***
14   3.59   Trt      groupTrt     -0.3710     0.3114  -1.191    0.249
15   5.87   Trt      ---
16   3.83   Trt      Signif. codes:  0 '***' 0.001 '**' 0.01 '*' 0.05 '.' 0.1 ' ' 1
17   6.03   Trt
18   4.89   Trt      Residual standard error: 0.6964 on 18 degrees of freedom
19   4.32   Trt      Multiple R-squared:  0.07308,  Adjusted R-squared:  0.02158
20   4.69   Trt      F-statistic: 1.419 on 1 and 18 DF,  p-value: 0.249
```

① p-value가 9.55e-15이므로 통계적으로 유의한 차이가 있다.
② p-value가 9.55e-15이므로 통계적으로 유의한 차이가 없다.
③ p-value가 0.249이므로 통계적으로 유의한 차이가 있다.
④ p-value가 0.249이므로 통계적으로 유의한 차이가 없다.

※ 숫자, 영문 등의 맞춤법을 준수하여 작성하여 주십시오. (부분점수 없음)

단답25 다음 R 명령의 결과를 쓰시오.

아 래

0/0

단답26 아래의 설명이 나타내는 척도는 무엇인가?

아 래

자료의 위치를 나타내는 척도의 하나로 관측치를 크기순으로 배열하였을 때 전체의 중앙에 위치하는 수치이다. 평균에 비해 이상치에 의한 영향이 적기 때문에 자료의 분포가 심하게 비대칭인 경우 자료의 중심을 파악하는데 보다 합리적인 방법이다.

단답27 의사결정나무 중 연속형 타깃변수(target variable, 또는 목표변수)를 예측하는 의사결정나무를 무엇이라고 하는가?

단답28 데이터 마이닝의 절차 중 데이터의 정제, 통합, 선택, 변환의 과정을 거친 구조화된 단계로서 더 이상 추가적인 절차 없이 데이터마이닝 알고리즘 실험에서 활용될 수 있는 상태를 무엇이라 하는가?

141 다음 중 신뢰구간에 대한 설명 중 가장 부적절한 것은?

① 주어진 신뢰도 하에서 모수가 특정한 구간에 있을 것이라고 선언하는 것이 구간추정이다.

② 95% 신뢰수준 하에서 모평균의 신뢰구간은 모분산이 알려져 있는 경우 $\mu \pm 1.96\sigma/\sqrt{n}$ 이다.

③ 모분산이 알려져 있지 않은 경우 표준정규분포를 따르는 z통계량을 사용해 신뢰구간을 계산한다.

④ 신뢰수준이 높아지면 신뢰구간의 길이가 길어진다.

142 다음 중 단계적 변수선택 방법이 아닌 것은 무엇인가?

① 모든 가능한 조합의 회귀분석

② 전진선택법

③ 후진제거법

④ 단계별방법

143 어느 특정값이 나타날 가능성이 확률적으로 주어지는 변수를 확률변수(random variable)라고 한다. 이러한 확률변수는 0이 아닌 확률값을 갖는 실수값의 형태에 따라 이산형확률변수(discrete random variable)와 연속형확률변수(continuous random variable)로 구분된다. 다음 중 확률변수에 대한 설명으로 가장 부적절한 것은?

① 이산형확률변수란 이산점에서 0이 아닌 확률을 갖는 확률변수를 말한다.

② 연속형확률변수란 가능한 값이 실수의 어느 특정구간 전체에 해당하는 확률변수를 말한다.

③ 각 이산점에서 확률의 크기를 표현하는 함수를 확률질량함수(probability mass function)라고 한다.

④ 확률변수의 값에 따라 확률이 어떻게 흩어져 있는지를 합이 1인 실수로써 나타낸 것을 확률분포라고 한다.

144 자료를 도표화하는 것은 모집단 분포의 개형을 파악하기 위한 기초적인 방법이다. 다음 중 자료의 도표화에 대한 설명으로 가장 부적절한 것은?

① 서로 다른 특성값에 대한 자료의 개수를 하나의 표로 나타낸 것을 도수분포표(frequency table)라 한다.

② 히스토그램은 도수분포표를 이용하여 표본자료의 분포를 나타낸 그래프이다.

③ 산점도를 이용하여 자료의 선형(linear) 또는 비선형(nonlinear) 관계의 여부를 파악할 수 있다.

④ 자료의 도표화를 통해 원인과 결과의 시간적 선후 관계 여부를 알 수 있다.

145 아래는 lm함수를 사용하여 회귀모형을 적합한 오브젝트인 model을 사용하여 오차의 자기상관 여부를 확인하기 위한 더빈-왓슨 검정 결과이다. 이에 대한 설명으로 다음 중 가장 부적절한 것은?

아 래

```
> durbinWatsonTest(model)
 Lag  Autocorrelation  D-W Statistic  p-value
  1      0.0373524        1.935028       0.666
 Alternative hypothesis : rho !=0
```

① 더빈-왓슨 통계량은 1.935이다.
② 유의수준 0.05 하에서 잔차의 자기상관은 유의하지 않다.
③ 유의수준 0.05 하에서 잔차의 독립성이 위배되므로 잔차의 자기상관을 고려하는 모형을 사용해야 한다.
④ 검정의 귀무가설은 "자기상관계수가 0과 같다"이다.

146 아래는 89구역에서 54종의 식물에 대해 10년 넘게 측정한 평균건조무게 자료(변수 54개, 관측치 89개)를 이용하여 주성분분석을 실행한 결과의 일부분이다. 다음 설명 중 가장 부적절한 것은?

아 래

```
Importance of components:
                         Comp.1     Comp.2     Comp.3     Comp.4     Comp.5     Comp.6     Comp.7     Comp.8
Standard deviation    11.1728246  8.7546913  5.8836534  5.07943337  4.73728549  3.35139368  2.14025423  1.89570759
Proportion of Variance 0.3938564  0.2418208  0.1092210  0.08140338  0.07080616  0.03543748  0.01445249  0.01133847
Cumulative Proportion  0.3938564  0.6356771  0.7448981  0.82630149  0.89710765  0.93254513  0.94699762  0.95833609
                         Comp.9     Comp.10    Comp.11    Comp.12    Comp.13    Comp.14    Comp.15
Standard deviation     1.67797449  1.571621442  1.289208175  1.144209474  1.084104477  0.890138267  0.692494024
Proportion of Variance 0.00888347  0.007793056  0.005243944  0.004130694  0.003708123  0.002499924  0.001513018
Cumulative Proportion  0.96721956  0.975012616  0.980256559  0.984387253  0.988095377  0.990595301  0.992108318
```

① 주성분분석은 상관관계가 있는 변수들을 결합해 서로 상관관계가 없고 분산을 극대화 하는 변수로 축약하는데 사용한다.
② 54개의 변수를 4개의 주성분 변수로 축약한다면 약 17.4%의 정보 손실이 있다.
③ 첫 번째 주성분은 원변수의 변동량의 39.4% 정도를 설명한다.
④ 첫 세 개의 주성분으로 약 10.9%의 원변수의 변동량을 설명 할 수 있다.

147 고객이 여러 속성(나이, 성별, 직업, 과거 구매 행태 등)을 이용하여 해당 고객의 이탈 여부를 예측하기 위한 분석으로 가장 적절한 것은?

① 분류분석 (classification)
② 군집분석 (cluster analysis)
③ 연관분석 (association analysis)
④ 주성분분석 (principal component analysis)

과목 : 데이터 분석

148 데이터셋 menarche는 사춘기 연령의 여자아이들의 초경 여부를 기록한 데이터이다. 아래는 데이터의 요약과 나이로 초경을 했을 가능성을 예측하기 위한 로지스틱 회귀모형을 적합한 결과이다. 다음 설명 중 가장 부적절한 것은?

아 래

```
> str(menarche)
'data.frame': 25 obs. of  3 variables:
 $ Age     : num  9.21 10.21 10.58 10.83 11.08 ...
 $ Total   : num  376 200 93 120 90 88 105 111 100 93 ...
 $ Menarche: num  0 0 0 2 2 5 10 17 16 29 ...
> head(menarche)
    Age Total Menarche
1  9.21   376        0
2 10.21   200        0
3 10.58    93        0
4 10.83   120        2
5 11.08    90        2
6 11.33    88        5
> summary(glm(cbind(Menarche, Total-Menarche) ~ Age, family=binomial, data=menarche))

Call:
glm(formula = cbind(Menarche, Total - Menarche) ~ Age, family = binomial,
    data = menarche)

Deviance Residuals:
    Min      1Q   Median      3Q     Max
-2.0363  -0.9953  -0.4900  0.7780  1.3675

Coefficients:
             Estimate Std. Error z value Pr(>|z|)
(Intercept) -21.22639    0.77068  -27.54   <2e-16 ***
Age           1.63197    0.05895   27.68   <2e-16 ***
---
Signif. codes:  0 '***' 0.001 '**' 0.01 '*' 0.05 '.' 0.1 ' ' 1

(Dispersion parameter for binomial family taken to be 1)

    Null deviance: 3693.884  on 24  degrees of freedom
Residual deviance:   26.703  on 23  degrees of freedom
AIC: 114.76

Number of Fisher Scoring iterations: 4
```

① 전체 25개의 관측치를 가지고 있다.
② 연령이 한 살 증가할 때 초경할 가능성은 1.63% 증가한다.
③ 연령은 초경여부를 추정하는 데 유의한 변수이다.
④ 10살인 여자아이에 비해 11살인 여자아이의 초경할 승산(odds)은 exp(1.63)=5.10 배 높다.

149 N개의 원소로 구성된 모집단에서 n개($n \leq N$) 의 추출단위로 구성된 모든 부분집합들이 표본으로 선택될 확률이 같도록 설계된 표본추출방법을 단순랜덤추출법이라고 한다. 표본을 추출하는 방법에 대한 다음 설명 중 가장 부적절한 것은?

① 크기가 n인 모든 가능한 표본에 동등한 선출 기회를 준다.
② 모집단의 각 추출단위에 동등한 선출 기회를 주는 것이다.
③ 이질적인 원소들로 구성된 모집단에서는 각 계층을 고루 대표하는 표본을 추출하는 방법이다.
④ N개의 원소로 구성된 모집단에서 n개의 번호를 임의로 선택해 그 번호에 해당하는 원소를 표본으로 추출하는 방법이다.

150 두 변수 사이의 관계 유무 또는 관계의 강도에 대한 통계적 분석 방법을 상관분석(correlation analysis)이라고 한다. 다음 중 상관분석에 대한 설명으로 가장 부적절한 것은?

① 두 변수의 상관관계를 알아보기 위해 상관계수를 이용한다.
② 상관계수의 값은 항상 −1과 +1 사이에 있으며 +1에 가까울수록 양의 상관관계를 나타낸다.
③ 상관계수의 값이 0에 가까운 것은 두 변수 사이에 아무 관계가 없는 것을 뜻한다.
④ 상관분석은 두 변수간의 연관 정도를 나타낼 뿐 인과관계를 설명해주는 것은 아니다.

151 이상치(Outlier)를 찾는 것은 데이터 분석에서 데이터 전처리를 어떻게 할지 결정할 때 사용할 수 있다. 다음 중 이상치에 대한 설명으로 가장 부적절한 것은?

① 통상 "평균으로부터 표준편차의 3배가 넘는 범위의 데이터"라는 기준으로 이상치를 정의한다.
② 군집분석을 이용하여 다른 데이터들과 거리상 멀리 떨어진 데이터를 이상치로 판정한다.
③ 회귀분석에서는 설명변수의 동일수준의 다른 관측치에 비해 종속변수의 값이 상이한 점을 이상치로 판정한다.
④ 데이터에는 측정이나 잘못된 입력으로 인해 포함된 이상치(Outlier)는 제거하고 분석하는 것이 바람직하다.

152 두 가지 생산 방법의 효과를 비교하는 경우에는 한 가지 생산품에 동일인이 두 생산방법을 모두 적용할 수는 없으므로 생산품을 두 그룹으로 나누어 그룹별로 생산방법을 달리하여 비교하게 된다. 이와 같이 이표본(two sample)에 의한 비교를 할 때 요구되는 자료의 구조에 대한 설명으로 가장 부적절한 것은?

① 각 그룹에서의 관측값들은 각 모집단에서의 랜덤표본이다.
② 두 모집단의 평균을 비교하기 위해 비교 대상의 쌍들을 조사하고 각 쌍내의 차를 적용해야만 자료구조가 만족될 수 있다.
③ 서로 다른 그룹에서의 관측값들은 독립적으로 관측된 것이다.
④ 각 처리를 적용할 실험단위를 랜덤하게 하는 과정은 랜덤화의 과정으로 연구에서 가장 기본적이고 핵심적인 작업이다.

153 시계열분석의 주목적은 외부인자와 관련하여 계절적인 패턴, 추세와 같은 요소를 설명할 수 있는 모델을 결정하는 것이다. 다음 중 시계열 데이터에 대한 설명으로 가장 부적절한 것은?

① 추세(trend)란 한 시점에서 다음 시점으로의 전반적인 패턴변화를 말한다.
② 짧은 기간 동안의 주기적인 패턴을 계절변동(seasonality)이라 한다.
③ 잡음(noise)은 무작위적인 변동이지만 일반적으로 원인은 알려져 있다.
④ 수준(level)은 시계열의 평균값을 말한다.

154 두 개 이상의 독립변수를 사용해 하나의 종속변수의 변화를 설명하는 다중회귀분석을 실시한 경우, 다음 중 모형을 적합시킨 후 모형이 적절한지 확인하기 위해 체크해야 할 사항으로 가장 부적절한 것은?

① F-통계량 확인을 통해 모형이 통계적으로 유의미한지 확인한다.
② t-통계량, p-값 등을 통해 유의미한지 확인한다.
③ 잔차그래프를 그려서 모형이 데이터를 잘 적합하고 있는지 확인한다.
④ 상관계수를 이용하여 모형의 설명력을 확인한다.

155 변수 축소를 위한 주성분분석에서 주성분의 개수를 결정하는 알고리즘과 관련하여 다음 설명 중 가장 부적절한 것은?

① 기준보다 큰 고유치(eigenvalue)의 개수를 이용한다.
② 표본 공분산 행렬의 고유치를 이용한다.
③ 전체 분산을 설명하는 비율이 기준치를 넘는 주성분의 수를 이용한다.
④ 변수들의 선형 결합으로 이루어진 주성분은 서로 독립이 아니다.

156 아래는 데이터프레임 mtcar를 이용해 회귀분석을 수행한 R 명령의 결과이다. 다음 중 이 결과에 대한 설명으로 가장 부적절한 것은?

아 래

```
> summary(lm(mpg ~., data=mtcars))
Call:
lm(formula = mpg ~ ., data = mtcars)

Residuals:
    Min     1Q  Median     3Q     Max
-3.4506 -1.6044 -0.1196  1.2193  4.6271

Coefficients:
            Estimate Std. Error t value Pr(>|t|)
(Intercept) 12.30337   18.71788   0.657   0.5181
cyl         -0.11144    1.04502  -0.107   0.9161
disp         0.01334    0.01786   0.747   0.4635
hp          -0.02148    0.02177  -0.987   0.3350
drat         0.78711    1.63537   0.481   0.6353
wt          -3.71530    1.89441  -1.961
qsec         0.82104    0.73084   1.123   0.2739
vs           0.31776    2.10451   0.151   0.8814
am           2.52023    2.05665   1.225   0.2340
gear         0.65541    1.49326   0.439   0.6652
carb        -0.19942    0.82875  -0.241   0.8122
---
Signif. codes:  0 '***' 0.001 '**' 0.01 '*' 0.05 '.' 0.1 ' ' 1

Residual standard error: 2.65 on 21 degrees of freedom
Multiple R-squared:  0.869,  Adjusted R-squared:  0.8066
F-statistic: 13.93 on 10 and 21 DF,  p-value: 3.793e-07
```

① 모든 독립변수가 유의수준 0.1에서 유의하지 않다.

② 오차의 표준편차 추정치는 2.65이다.

③ 후진선택법을 적용할 때 가장 먼저 제거될 독립변수는 cyl이다.

④ 유의수준 0.01에서 이 회귀모형은 유의하다.

157 기술통계(descriptive statistics)란 자료를 요약하는 기초적인 통계를 의미한다. 데이터 분석에 앞서 데이터의 대략적인 통계적 수치를 계산해 봄으로써 데이터에 대한 대략적인 이해와 앞으로 분석에 대한 통찰력을 얻기에 유리하다. 다음 중 기초통계량에 대한 설명으로 가장 부적절한 것은?

① 표본평균(sample mean)은 표본의 위치를 대표하는 값이다.

② 표본의 사분위수(quartile)는 표본의 산포를 나타내는 대표값이다.

③ 표본분산(sample variance)은 표본의 산포를 나타내는 대표값이다.

④ 상관계수(correlation coefficient)는 두 특성의 선형의 관계를 나타내는 대푯값이다.

158 통계적 추론에서 모집단의 모수에 대한 검정에는 모수적방법(parametric method)과 비모수적방법 (nonparametric method)이 있다. 다음 중 비모수적 방법에 대한 설명으로 가장 부적절한 것은?

① 비모수적 검정은 자료가 추출된 모집단의 분포에 대한 아무 제약을 가하지 않고 검정을 실시하는 방법이다.
② 관측된 자료가 특정 분포를 따른다고 가정할 수 없는 경우에 이용된다.
③ 관측된 자료의 수가 많지 않거나 자료 자체가 개체간의 서열관계를 나타내는 경우에는 관측된 자료가 주어진 분포를 따른다는 가정을 받아들일 수 없는 경우에 이용하는 검정법이다.
④ 관측된 자료로 구한 표본평균과 표본분산 등을 이용해 검정을 실시한다.

159 아래는 R의 내장 데이터프레임인 hills에 R 명령어들을 수행시킨 것이다. 다음 중 이에 대한 설명으로 가장 부적절한 것은?

아 래

```
> library(MASS)
>   data(hills)
>   step(lm(time~ 1, hills), scope=list(lower=~1, upper=~dist+climb), direction="forward")
Start:  AIC=274.88
time ~ 1

        Df Sum of Sq  RSS    AIC
+ dist   1     71997 13142 211.49
+ climb  1     55205 29934 240.30
<none>               85138 274.88

Step:  AIC=211.49
time ~ dist

        Df Sum of Sq   RSS    AIC
+ climb  1    6249.7  6891.9 190.90
<none>               13141.6 211.49

Step:  AIC=190.9
time ~ dist + climb


Call:
lm(formula = time ~ dist + climb, data = hills)

Coefficients:
(Intercept)        dist        climb
  -8.99204      6.21796      0.01105
```

① 최종적으로 선택된 회귀모형은 두 개의 독립변수를 포함하고 있다.
② 가장 먼저 선택된 독립변수는 dist이다.
③ 최종적으로 선택된 모형의 AIC 값은 190.90이다.
④ 독립변수를 climb만 포함한 회귀모형의 잔차제곱합은 6891.9이다.

160 변수의 개수가 많을 경우 서로 상관이 있는 복잡한 구조를 파악하기가 힘들다. 기존 변수보다 적은 개수로 전체 자료의 변동을 설명할 수 있도록 선형/비선형 결합으로 새로운 변수를 생성하는 것을 변수 축소라고 한다. 다음 중 변수 축소에 대한 설명으로 가장 부적절한 것은?

① 주성분분석이란 다변량 자료 분석에 이용하는 방법으로 독립변수와 종속변수를 모두 분석에 사용한다.
② 차원 축소를 통해 자료의 시각화에 도움을 줄 수 있으면 차원이 축소된 주성분으로 회귀분석에도 적용 가능하다.
③ 변수들의 선형결합으로 이루어진 주성분은 서로 독립이며 기존 자료보다 적은 수의 주성분들로 기존 자료의 변동을 설명한다.
④ 부분최소제곱법이란 독립변수와 종속변수의 변동성을 가장 잘 설명할 수 있는 새로운 변수를 설정하고 이들의 관계를 통해 종속변수와 독립변수의 인과관계를 분석하는 방법이다.

※ 숫자, 영문 등의 맞춤법을 준수하여 작성하여 주십시오. (부분점수 없음)

단답29 다음의 R 스크립트 결과를 보고 y, x1, x2 사이의 적합된 회귀식을 쓰시오.

아 래

```
> md <- lm(y ~ x1 + x2)
> summary(md)
Call:
lm(formula = y ~ x1 + x2)

Residuals:
    Min      1Q   Median      3Q      Max
-16.215  -7.129   -1.186   2.371   65.121

Coefficients:
             Estimate  Std. Error  t value  Pr(>|t|)
(Intercept) -8.992039    4.302734   -2.090    0.0447 *
x1           6.217956    0.601148   10.343  9.86e-12 ***
x2           0.011048    0.002051    5.387  6.45e-06 ***
---
Signif. codes:  0 '***' 0.001 '**' 0.01 '*' 0.05 '.' 0.1 ' ' 1
```

단답30 아래의 (   )는 무엇인가?

아 래

생산량, 비용, 인원 등의 데이터가 1차 함수로 주어졌을 때 목적함수에 대해 최적의 해를 얻는 방법을 (   )라 한다. 자원을 용도에 맞게 효율적으로 배분하는 기본적 문제를 해결하는 데 사용되는 최적화 기법으로 기업에서 많이 활용하고 있다.

단답31 조사하고자 하는 대상 집단 전체인 모집단 모두를 조사하는 것은 많은 비용과 시간이 소요되므로 모집단을 적절히 대표할 수 있는 일부 원소들을 뽑아 관찰 파악하여 모집단에 대해 유추한다. 이 때 추출한 모집단의 부분집합을 지칭하는 것은 무엇인가?

단답32 아래는 1988년 서울올림픽에서의 여자 육상 7종경기의 기록 데이터(heptathlon)를 사용한 주성분 분석 결과이다. 7개의 변수를 2개의 변수로 축약할 때 전체 분산의 몇 %가 설명가능한가?

아 래

```
> heptathlon_pca <- prcomp(heptathlon2[, -score], scale = TRUE)
> print(heptathlon_pca)
Standard deviations:
[1] 2.08 0.95 0.91 0.68 0.55 0.34 0.26

Rotation:
          PC1    PC2    PC3    PC4    PC5    PC6    PC7
hurdles  -0.45  0.058 -0.17  0.048 -0.199  0.847 -0.070
highjump -0.31 -0.651 -0.21 -0.557  0.071 -0.090  0.332
shot     -0.40 -0.022 -0.15  0.548  0.672 -0.099  0.229
run200m  -0.43  0.185  0.13  0.231 -0.618 -0.333  0.470
longjump -0.45 -0.025 -0.27 -0.015 -0.122 -0.383 -0.749
javelin  -0.24 -0.326  0.88  0.060  0.079  0.072 -0.211
run800m  -0.30  0.657  0.19 -0.574  0.319 -0.052  0.077
> summary(heptathlon_pca)
Importance of components:
                      PC1   PC2   PC3    PC4    PC5    PC6     PC7
Standard deviation   2.079 0.948 0.911 0.6832 0.5462 0.3375 0.26204
Proportion of Variance 0.618 0.128 0.119 0.0667 0.0426 0.0163 0.00981
Cumulative Proportion 0.618 0.746 0.865 0.9313 0.9739 0.9902 1.00000
```

---

161 분해시계열이란 시계열에 영향을 주는 일반적인 요인을 시계열에서 분리해 분석하는 방법을 말하며 회귀분석적인 방법을 주로 사용하고 있다. 다음 중 시계열을 구성하고 있는 요소 4가지에 대한 설명으로 가장 부적절한 것은?

① 추세요인(trend factor) – 자료가 어떤 특정한 형태를 취할 때 추세요인이 있다고 한다.

② 계절요인(seasonal factor) – 고정된 주기에 따라 자료가 변화할 경우 계절요인이 있다고 한다.

③ 순환요인(cyclical factor) – 경제적이나 자연적인 이유 등 잘 알려진 주기를 가지고 자료가 변화할 때 순환요인이 있다고 한다.

④ 불규칙요인(irregular factor) – 추세, 계절, 순환요인으로 설명할 수 없는 회귀분석에서 오차에 해당하는 요인을 불규칙요인이라고 한다.

162 아래의 산점도 행렬에 대한 설명으로 가장 부적절한 것은?

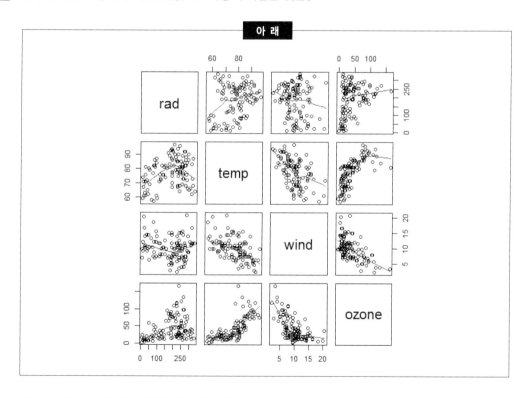

아래

① temp와 ozone간에는 비선형 관계가 있다.

② temp와 wind간의 관계는 상대적으로 선형이다.

③ ozone과 wind 간에는 양의 상관관계가 있다.

④ rad와 ozone의 관계는 명확하지 않다.

과목 : 데이터 분석

163 R의 party 패키지를 사용하여 아래와 같은 의사결정나무 분석결과를 얻었다. 이에 대한 해석으로 다음 중 가장 적절한 것은?

아 래

```
Conditional inference tree with 4 terminal nodes

Response:  Species
Inputs:  Sepal.Length, Sepal.Width, Petal.Length, Petal.Width
Number of observations:  150

1) Petal.Length <= 1.9; criterion = 1, statistic = 140.264
  2)*  weights = 50
1) Petal.Length > 1.9
  3) Petal.Width <= 1.7; criterion = 1, statistic = 67.894
    4) Petal.Length <= 4.8; criterion = 0.999, statistic = 13.865
      5)*  weights = 46
    4) Petal.Length > 4.8
      6)*  weights = 8
  3) Petal.Width > 1.7
    7)*  weights = 46
```

---

① 중간노드의 개수는 7이다.
② 모형에 대한 설명변수는 Species이다.
③ 나무를 구성하는 가지의 개수는 6이다.
④ 관찰치 중에 Petal.Length가 1.9 이하인 경우는 약 140개이다.

164 다음 중 고객의 구매한 품목을 토대로 어떤 제품을 함께 구매할지를 예측할 수 있는 분석은 무엇인가?

① 분류분석 (classification)
② 군집분석 (cluster analysis)
③ 연관분석 (association analysis)
④ 요인분석 (factor analysis)

165 다음 중 비계층적 군집방법(nonhierarchical clustering)의 단점에 대한 설명으로 가장 부적절한 것은?

① 가중치와 거리정의가 어렵다.
② 초기군집수를 결정하기가 용이하지 않다.
③ 최종군집의 형태가 초기값에 민감하고 결과해석이 어렵다.
④ 군집이 한번 잘못 결정되면 다음단계의 군집화에서 이것을 수정할 수가 없다.

166 다음 중 신경망(neural network) 모형의 특징이 아닌 것은 무엇인가?

① 변수의 수가 많고 입력변수와 출력변수가 복잡한 비선형형태를 가질 때에도 다른 분류모형보다 비교적 정확도가 우수하다.
② 누구에게나 모형의 결과에 대한 설명이 용이하여 해석력이 우수하다.
③ 훈련용 데이터에서는 만족스러운 결과를 보이나, 실제 적용에서는 분류가 정확하지 않는 모형의 과대적합 (overfitting) 현상을 일으키는 경우가 종종 있다.
④ 훈련용 데이터에 잡음(noise)이 있더라도 민감한 반응을 보이지 않는다.

167 표본조사나 실험을 하는 과정에서 추출된 원소나 실험 단위로부터 관측해 자료를 얻는 것을 측정이라고 한다. 다음 중 측정 방법에 대한 설명으로 가장 부적절한 것은?

① 명목척도(nominal scale) - 측정 대상이 어느 집단에 속하는지 분류할 때 사용하는 척도
② 순서척도(ordinal scale) - 측정 대상의 특성이 서열관계를 관측하는 척도
③ 구간척도(interval scale) - 측정 대상이 갖고 있는 속성의 질을 측정하는 것
④ 비율척도(ratio scale) - 절대적 기준인 0값이 존재하고 모든 사칙연산이 가능

168 다음 사회연결망분석에서 네트워크의 중심성을 측정하는 방법 중에서, 각 노드간의 거리를 근거로 직접적으로 연결된 노드뿐 아니라 간접적으로 연결된 모든 노드간의 거리를 합산해 중심성을 측정하는 방법은 무엇인가?

① 연결정도 중심성(Degree centrality)
② 근접 중심성(Closeness centrality)
③ 매개 중심성(Betweenness centrality)
④ 위세 중심성(Eigenvector centrality)

과목 : 데이터 분석

169 아래는 쥐(Rat)의 먹이 종류에 따른 무게(weight)의 시간(Time)에 따른 변화를 측정한 자료의 요약이다. 먹이의 종류(Diet)는 1,2,3으로 입력되었다. 다음 중 자료가 가지고 있는 문제점을 해결하기 위한 코드로 가장 적절한 것은?

```
> summary(Bodyweight)
     weight          Time            Rat              Diet
 Min.   :225.0   Min.   : 1.00   2      : 11    Min.   :1.00
 1st Qu.:267.0   1st Qu.:15.00   3      : 11    1st Qu.:1.00
 Median :344.5   Median :36.00   4      : 11    Median :1.50
 Mean   :384.5   Mean   :33.55   1      : 11    Mean   :1.75
 3rd Qu.:511.2   3rd Qu.:50.00   8      : 11    3rd Qu.:2.25
 Max.   :628.0   Max.   :64.00   5      : 11    Max.   :3.00
                                 (Other):110
```

① Bodyweight$weight=as.numeric(Bodyweight$)
② Bodyweight$Time=factor(Bodyweight$Rat)
③ Bodyweight$Rat=as.numeric(Bodyweight$Rat)
④ Bodyweight$Diet=factor(Bodyweight$Diet)

170 주성분분석은 상관관계가 있는 변수들을 결합해 상관관계가 없는 변수로 분산을 극대화하는 변수로 선형결합을 해 변수를 축약하는데 사용하는 방법이다. 상관행렬을 이용하여 주성분분석을 하려고 할 때 공분산행렬을 이용한 분석의 문제점이 아닌 것은 무엇인가?

① 변수들의 측정 단위에 대해 민감하지 않다는 장점이 있다.
② 변수들의 측정 단위가 서로 다를 경우 선형결합함수의 크기에 영향을 미친다.
③ 상관행렬을 이용한 주성분분석은 표준화변수의 공분산행렬로부터 주성분을 유도하는 것이다.
④ 공분산행렬을 사용하는 경우 고유값(eigenvalue)이 1보다 큰 주성분의 개수를 이용한다.

171 다음 중 연관성분석으로 해결할 수 있는 비즈니스 문제와 가장 관련이 없는 것은 무엇인가?

① 구매자가 제품을 구매할 때 이웃의 영향이 있었는가?
② 오렌지 주스와 청정재 구입 시 윈도우 클리너를 같이 구입하는가?
③ 향후 1개월 안에 내점하여 구매할 가능성이 높은 고객은 누구인가?
④ 청정재를 어느 곳에 위치시켜야만 판매고를 최대화하는가?

172 사건 A와 사건 B가 서로 독립이다. 다음 중 항상 옳다고 볼 수 없는 것은 무엇인가?

① $P(A \cap B) = 0$

② $P(A|B) = P(A)$

③ $P(B|A) = P(B)$

④ $P(A \cup B) = P(A) + P(B) - P(A)P(B)$

173 다음은 데이터프레임 attn을 이용해 회귀분석을 수행한 R 명령의 결과이다. 이 결과에서 오차의 표준편차에 대한 추정값은 무엇인가?

아 래

```
> summary(lm(mag ~ ., data=attn))

Call:
lm(formula = mag ~ ., data = attn)

Residuals:
    Min      1Q  Median      3Q     Max
-1.0761 -0.3862  0.0030  0.3968  1.8015

Coefficients:
             Estimate Std. Error t value Pr(>|t|)
(Intercept)  6.1204950  0.1567701  39.041  < 2e-16 ***
event       -0.0350555  0.0072967  -4.804 3.29e-06 ***
dist         0.0053357  0.0008929   5.975 1.22e-08 ***
accel        1.5369492  0.3163851   4.858 2.59e-06 ***
---
Signif. codes:  0 '***' 0.001 '**' 0.01 '*' 0.05 '.' 0.1 ' ' 1

Residual standard error: 0.5575 on 178 degrees of freedom
Multiple R-squared:  0.4127,  Adjusted R-squared:  0.4028
F-statistic: 41.69 on 3 and 178 DF,  p-value: < 2.2e-16
```

① 6.1204950

② 0.5575

③ 0.3163851

④ 0.4127

174 아래는 호흡기 환자의 상태(status: poor, good)와 새로운 치료방법의 적용 여부(treatment: treatment, placebo), 각 환자의 상태를 관찰한 시점(month: 0,1,2,3,4,5) 변수를 사용한 Mosaic plot이다. 보기의 설명 중 가장 부적절한 것은?

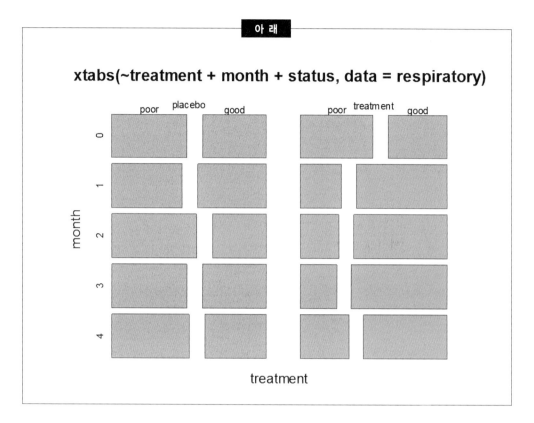

① month가 0인 시점에서는 placebo와 treatment 모두 상태가 좋지 않은(poor) 환자가 더 많다.
② 시간이 흐름에 따라 treatment 그룹은 상태가 호전된(good) 환자의 비율이 늘어나는 경향이 있다.
③ 시간이 흐름에 따라 placebo 그룹에 속한 환자 수의 비율이 treament 그룹에 비해 증가한다.
④ Treament를 적용한 기간이 month=4로 최대치인 경우 치료방법의 효과는 오히려 소폭 감소한다.

175 아래는 미국의 41개 도시의 대기 오염 정도(SO2)와 온도(temp), 풍속(wind) 과의 관계를 살피기 위한 bubble plot과 이를 생성한 코드이다. 보기의 설명 중 가장 부적절한 것은?

아 래

```
plot(wind ~ temp, data = USairpollution,
        xlab = "Average annual temperature (Fahrenheit)",
        ylab = "Average annual wind speed (m.p.h.)", pch = 10,
        ylim = ylim)

with(USairpollution, symbols(temp, wind, circles = SO2,
                             inches = 0.5, add = TRUE))
```

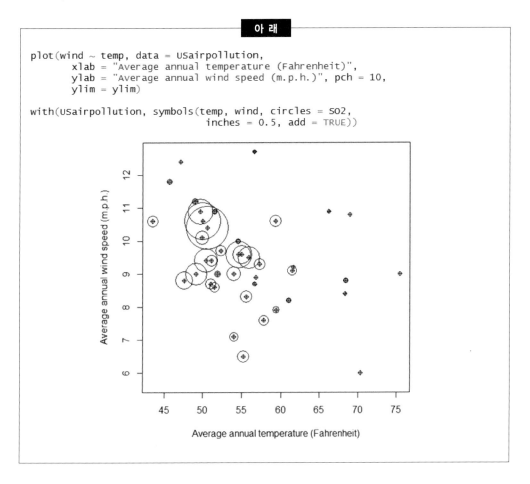

① 온도가 올라갈수록 풍속이 느려지는 경향이 있다.
② 연간 온도 47~57사이와 연간 풍속 9~11을 갖는 도시들의 대기오염 정도가 심한 경향이 있다.
③ 온도가 지나치게 낮거나 높으면 대기오염 정도가 낮은 경향이 있다.
④ 풍속이 느리면 대기오염 정도가 높은 경향이 있다.

176 아래는 분류모형을 평가하기 위하여 훈련용 데이터에 의해 구축된 분류모형을 검정용 데이터에 적용한 결과표이다. 이때 민감도(sensitivity)를 계산하기 위한 것으로 가장 적절한 것은?

아 래

		모형에 의해 분류된 그룹	
		1 (+)	0 (−)
실제 그룹	1 (+)	참긍정 (True Positive, TP)	거짓부정 (False Negative, FN)
	0 (−)	거짓긍정 (False Negative, FP)	참부정 (True Negative, TN)

① TP/ (TP+FN)
② TN/(TN+FP)
③ TP/(TP+FP)
④ FN/(TP+FN)

177 Animals는 28가지 동물 뇌의 무게와 몸무게 데이터이다. 아래의 기술통계량을 통해 추론 가능한 사실이 아닌 것은 무엇인가?

아 래

```
> summary(Animals)
      body              brain
 Min.   :    0.02   Min.   :   0.40
 1st Qu.:    3.10   1st Qu.:  22.23
 Median :   53.83   Median : 137.00
 Mean   : 4278.44   Mean   : 574.52
 3rd Qu.:  479.00   3rd Qu.: 420.00
 Max.   :87000.00   Max.   :5712.00
```

① body와 brain은 numeric 변수이다.
② body의 무게가 클수록 brain의 무게가 큰 것을 알 수 있다.
③ body의 분포는 오른쪽 꼬리가 긴 형태이다.
④ brain의 무게가 137.00보다 작은 동물이 50% 가량이다.

178 120개의 식물 개체를 7개의 변수(과실 크기, 포엽 길이, 마디 사이의 길이, 꽃잎 폭, 꽃잎 길이, 잎자루 길이, 잎의 길이)로 측정한 데이터를 사용하여 4개의 식물 군으로 구분하려 한다. 이 때 사용가능한 분석 방법으로 가장 적절한 것은?

① 회귀분석(regression analysis)
② 군집분석(cluster analysis)
③ 연관분석(association analysis)
④ 시계열분석(time series analysis)

179 텍스트마이닝을 위한 R 패키지인 tm 에서 텍스트 문서들의 집합을 말하며 문서를 관리하는 기본구조는 무엇인가?

① Corpus
② Sentence
③ Morpheme
④ Phoneme

180 다음은 R 명령을 수행시킨 결과이다. 다음의 서술 중 가장 부적절한 것은?.

아 래

```
> summary(attenu)
     event           mag           station        dist           accel
 Min.   : 1.00  Min.   :5.000   117    : 5   Min.   :  0.50  Min.   :0.00300
 1st Qu.: 9.00  1st Qu.:5.300   1028   : 4   1st Qu.: 11.32  1st Qu.:0.04425
 Median :18.00  Median :6.100   113    : 4   Median : 23.40  Median :0.11300
 Mean   :14.74  Mean   :6.084   112    : 3   Mean   : 45.60  Mean   :0.15422
 3rd Qu.:20.00  3rd Qu.:6.600   135    : 3   3rd Qu.: 47.55  3rd Qu.:0.21925
 Max.   :23.00  Max.   :7.700   (Other):147  Max.   :370.00  Max.   :0.81000
                                NA's   : 16
```

① attenu 데이터프레임은 5개의 변수를 갖는다.
② attenu 데이터프레임의 변수 mag의 중앙값은 6.1이다.
③ attenu 데이터프레임의 변수 station은 5개의 값을 갖는 팩터이다.
④ attenu 데이터프레임은 182개의 관측치를 포함한다.

※ 숫자, 영문 등의 맞춤법을 준수하여 작성하여 주십시오. (부분점수 없음)

단답33 아래 예시와 같이 텍스트마이닝의 전처리(preprocessing) 과정 중에서 변형된 단어형태에서 접사 (affix) 등을 제거하고 그 단어의 원형 또는 어간(어형변화의 기초가 되는 부분)을 찾아내는 것을 지칭하는 용어는 무엇인가?

(예: "argue", "argued", "arguing", "argus" 단어들의 어간인 "argu"를 찾아내는 것)

단답34 아래의 설명이 가리키는 척도는 무엇인가?

아 래

두 개의 변량 X와 Y간에 존재하는 관계의 정도를 측정하는 척도로 -1과 1 사이의 값을 가진다. 절대치가 1로 근접하면 X와 Y의 상관은 강하고 0에 근접할수록 상관은 약하다.

단답35 텍스트마이닝에서 전처리과정을 거친 후 문서번호와 단어 간의 사용여부 또는 빈도수를 이용해 만들어진 행렬을 무엇이라 하는가?

단답36 아래와 같은 오분류표를 갖는 데이터마이닝 모형이 있다고 가정하자. 이 모형의 정확도(Accuracy)는 얼마인가?

아 래

		(예측)	
		우량	불량
(실제)	우량	55	20
	불량	10	15

181 다음은 attn 데이터프레임을 이용해 전진선택법을 수행한 것이다. 가장 먼저 선택된 설명변수는 무엇인가?

```
>  step(lm(mag  ~  1,  data=attn),  scope=list(lower=~1,  upper=~event+dist+accel),
direction="forward")
Start:  AIC=-117.86
mag ~ 1

        Df Sum of Sq    RSS     AIC
+ event  1   25.8646 68.339 -174.27
+ dist   1   23.0951 71.109 -167.04
<none>               94.204 -117.86
+ accel  1    0.1034 94.100 -116.06

Step:  AIC=-174.27
mag ~ event

        Df Sum of Sq    RSS     AIC
+ dist   1    5.6736 62.666 -188.05
+ accel  1    1.9105 66.429 -177.43
<none>               68.339 -174.27

Step:  AIC=-188.05
mag ~ event + dist

        Df Sum of Sq    RSS     AIC
+ accel  1    7.3355 55.330 -208.71
<none>               62.666 -188.05

Step:  AIC=-208.71
mag ~ event + dist + accel


Call:
lm(formula = mag ~ event + dist + accel, data = attn)

Coefficients:
(Intercept)       event        dist       accel
   6.120495   -0.035056    0.005336    1.536949
```

① event

② dist

③ accel

④ mag

182 아래는 1988년 서울올림픽에서의 여자 육상 7종경기의 기록 데이터(heptathlon)의 요약 결과이다. 보기의 설명 중 가장 부적절한 것은?

아 래

```
> summary(heptathlon)
    hurdles         highjump          shot          run200m         longjump         javelin          run800m          score
 Min.   :12.69   Min.   :1.500   Min.   :10.00   Min.   :22.56   Min.   :4.880   Min.   :35.68   Min.   :124.2   Min.   :4566
 1st Qu.:13.47   1st Qu.:1.770   1st Qu.:12.32   1st Qu.:23.92   1st Qu.:6.050   1st Qu.:39.06   1st Qu.:132.2   1st Qu.:5746
 Median :13.75   Median :1.800   Median :12.88   Median :24.83   Median :6.250   Median :40.28   Median :134.7   Median :6137
 Mean   :13.84   Mean   :1.782   Mean   :13.12   Mean   :24.65   Mean   :6.152   Mean   :41.48   Mean   :136.1   Mean   :6091
 3rd Qu.:14.07   3rd Qu.:1.830   3rd Qu.:14.20   3rd Qu.:25.23   3rd Qu.:6.370   3rd Qu.:44.54   3rd Qu.:138.5   3rd Qu.:6351
 Max.   :16.42   Max.   :1.860   Max.   :16.23   Max.   :26.61   Max.   :7.270   Max.   :47.50   Max.   :163.4   Max.   :7291
> str(heptathlon)
'data.frame':   25 obs. of  8 variables:
 $ hurdles : num  12.7 12.8 13.2 13.6 13.5 ...
 $ highjump: num  1.86 1.8 1.83 1.8 1.74 1.83 1.8 1.8 1.83 1.77 ...
 $ shot    : num  15.8 16.2 14.2 15.2 14.8 ...
 $ run200m : num  22.6 23.6 23.1 23.9 23.9 ...
 $ longjump: num  7.27 6.71 6.68 6.25 6.32 6.33 6.37 6.47 6.11 6.28 ...
 $ javelin : num  45.7 42.6 44.5 42.8 47.5 ...
 $ run800m : num  129 126 124 132 128 ...
 $ score   : int  7291 6897 6858 6540 6540 6411 6351 6297 6252 6252 ...
```

① 총 8개의 변수와 25개의 관측치를 가지고 있다.

② 800m 달리기 기록(run800m)은 중앙값이 평균보다 작다.

③ 200m 달리기 기록(run200m)은 중앙값이 평균보다 크다.

④ 높이뛰기 기록(highjump)의 상위 25%는 1.83보다 작다.

183 아래는 미국의 41개 도시의 대기오염 정도(SO2), 제조기업의 수(manu), 인구(popul) 자료를 사용한 회귀분석 결과이다. 보기의 설명 중 아래의 결과를 통해 알 수 있는 것으로 부적절한 것은?

아 래

```
> model<-lm(SO2~manu+popul,data=USairpollution)
> summary(model)

Call:
lm(formula = SO2 ~ manu + popul, data = USairpollution)

Residuals:
   Min    1Q Median    3Q    Max
-22.39 -12.83  -1.28  7.61  49.53

Coefficients:
            Estimate Std. Error t value Pr(>|t|)
(Intercept)  26.3251     3.8404    6.85  3.9e-08 ***
manu          0.0824     0.0147    5.61  2.0e-06 ***
popul        -0.0566     0.0143   -3.96  0.00032 ***
---
Signif. codes:  0 '***' 0.001 '**' 0.01 '*' 0.05 '.' 0.1 ' ' 1

Residual standard error: 16 on 38 degrees of freedom
Multiple R-squared:  0.586,  Adjusted R-squared:  0.565
F-statistic: 26.9 on 2 and 38 DF,  p-value: 5.21e-08
```

---

① 두 설명변수에 대한 회귀계수의 p-값이 0.05보다 작으므로 유의수준 5% 하에서 회귀계수 추정치들이 통계적으로 유의하다.

② 대기오염이 해당 도시의 제조기업에 의해 발생되었음을 증명한다.

③ 잔차의 등분산성은 확인할 수 없다.

④ F통계량이 26.9이며 p-값이 0.0001보다 작아 유의수준 5% 하에서 추정된 회귀 모형이 통계적으로 유의하다.

과목 : 데이터 분석

184 아래는 검정파리 유충을 배양하여 다 자란 파리의 수에 대한 시계열 데이터를 사용한 그래프이다. 보기의 설명 중 부적절한 것은?

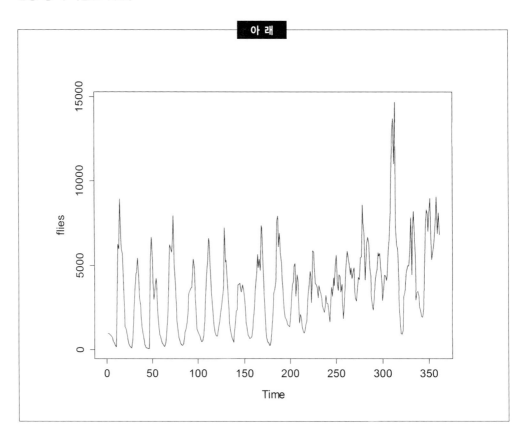

① 앞의 200주 동안 파리의 수는 주기적으로 반복된다.

② 200주 후에는 주기가 불명확하게 나타나고 개체 수가 증가하는 경향이 있다.

③ 데이터가 비정상 시계열이다.

④ ARMA 모형을 사용하기에 적당하다.

185 다음 중 데이터마이닝 추진단계를 단계별(1단계-2단계-3단계-4단계-5단계) 순서대로 적절하게 나열한 것은 무엇인가?

① 목적설정 - 데이터 준비 - 가공 - 기법 적용 - 검증
② 가공 - 데이터 준비 - 목적설정 - 기법 적용 - 검증
③ 검증 - 데이터 준비 - 가공 - 목적설정 - 기법 적용
④ 데이터 준비 - 목적설정 - 기법 적용 - 가공 - 검증

186 연관성 분석에 품목 A와 B가 거래 되었다고 가정하자. 품목 A가 주어지지 않았을 때의 품목 B의 확률에 비해, 품목 A가 주어졌을 때의 품목 B의 확률의 증가비율을 나타내는 연관성분석의 측도는 무엇인가?

① 지지도(Support)
② 향상도(Lift)
③ 품목 A =〉 품목 B 의 신뢰도(Confidence)
④ 품목 B =〉 품목 A 의 신뢰도(Confidence)

187 사회연결망분석에서 네트워크의 구조를 파악하는 기법으로 부적절한 것은?

① 밀도(Density)
② 집중도(Centralization)
③ 워드클라우드(Word cloud)
④ 구조적 틈새(Structural hole)

188 모집단이나 표본에 속한 특성값들의 대략적인 크기를 나타내는 측도를 위치측도(location parameters)라 한다. 다음중 위치측도에 대한 설명으로 부적절한 것은?

① 중앙값(median) - 관측된 순으로 데이터를 나열할 때 가장 중앙에 위치하게 되는 데이터 값
② 분위수(quantile) - q-quantiles는 관측값의 크기순으로 정렬된 데이터를 균등하게 q개로 나누는 값들이다.
③ 표본평균(sample mean) - 데이터의 합계를 데이터의 총 개수로 나눈 값
④ 백분위수(percentile) - p-percentile이란 해당 값 이하의 데이터가 전체의 p%인 값을 의미한다.

189 다음 중 선형회귀모형을 적합한 후에 확인해야할 가정이 아닌 것은 무엇인가?

① 선형성   ② 독립성
③ 등분산성   ④ 일치성

190 다음은 주성분분석의 결과이다. 첫 세 개의 주성분이 설명하는 분산은 전체의 몇 퍼센트인가?

아 래

```
> summary(princomp(attn, cor=T))
Importance of components:
                        Comp.1    Comp.2    Comp.3     Comp.4
Standard deviation    1.4752709 1.0373500 0.6701831 0.54620074
Proportion of Variance 0.5441061 0.2690237 0.1122864 0.07458381
Cumulative Proportion  0.5441061 0.8131298 0.9254162 1.00000000
```

① 0.6701831   ② 0.1122864
③ 0.9254162   ④ 0.5441061

191 다음 중 연속형 확률분포가 아닌 것은 무엇인가?

① 이항분포 (Binomial distribution)
② 정규분포 (Normal distribution)
③ t-분포 (t-distribution)
④ χ^2-분포 (χ^2-distribution)

192 아래의 설명이 가리키는 척도의 종류로 가장 적절한 것은?

아 래

측정 대상이 갖고 있는 속성의 양을 측정하는 것으로 측정결과가 숫자로 표현되나 해당 속성이 전혀 없는 상태인 절대적인 원점이 없다. 따라서 두 관측값 사이의 비율은 별 의미가 없게 되는 척도로서 온도, 지수 등이 그 예이다.

① 명목척도   ② 순서척도
③ 구간척도   ④ 비율척도

193 아래 제1종의 오류와 제2종의 오류에 대한 설명들 중 가장 적절한 것은?

① 제 1종 오류는 실제로 귀무가설이 참이지만, 검정결과 귀무가설을 기각하는 오류이다.
② 제 2종 오류는 실제로 대립가설이 참이지만, 검정결과 대립가설을 기각하는 오류이다.
③ 제 1종 오류는 실제로 대립가설이 참이지만, 검정결과 대립가설을 기각하는 오류이다
④ 제 2종 오류는 실제로 귀무가설이 참이지만, 검정결과 귀무가설을 기각하는 오류이다.

194 아래는 오존농도(ozone)가 풍속(wind), 기온(temp), 태양복사(rad)와 어떤 관련이 있는지 살피기 위한 회귀모형의 잔차도이다. 보기의 설명 중 아래의 그림으로 추론할 수 없는 것은 무엇인가?

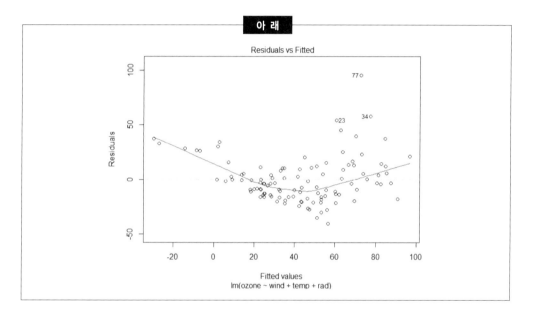

① 일부 관측치가 다른 관측치들에 비해 지나치게 큰 잔차를 가진다.
② 설명변수와 종속변수 간의 비선형 관계가 존재한다.
③ 잔차의 분산이 증가하는 경향이 있다.
④ 잔차는 정규분포를 따른다.

195 다음 중 아래 (㉠)에 들어갈 용어로 가장 적절한 것은?

> **아 래**
>
> 매우 복잡한 신경망 모형을 사용하여 학습오차를 매우 작게 한 경우 예측오차가 매우 커질 수 있는 (㉠) 문제가 발생할 수 있다.

① 과적합   ② 복잡도
③ 부적합   ④ 오분류

196 다음 군집분석을 위한 R함수 중 사전에 군집의 수를 지정할 필요가 없는 것은 무엇인가?

① fanny( )

② hclust( )

③ kmeans( )

④ pam( )

197 아래의 aqm 데이터는 melt 함수를 사용해 생성된 데이터 프레임으로 variable 변수는 4개의 범주 (Ozone, Solar.R, Wind, Temp)를 가지고 있고 Month 변수는 5,6,7,8,9 값을 지닌다. variable 변수의 각 범주에 해당하는 value 값의 월별 평균을 계산하여 b와 같은 형태로 만들기 위한 명령어 중 가장 적절한 것은?

```
아 래

> head(aqm,10)
   Month Day variable value
1      5   1    Ozone    41
2      5   2    Ozone    36
3      5   3    Ozone    12
4      5   4    Ozone    18
5      5   6    Ozone    28
6      5   7    Ozone    23
7      5   8    Ozone    19
8      5   9    Ozone     8
9      5  11    Ozone     7
10     5  12    Ozone    16
> str(aqm)
'data.frame': 568 obs. of  4 variables:
 $ Month   : int  5 5 5 5 5 5 5 5 5 5 ...
 $ Day     : int  1 2 3 4 6 7 8 9 11 12 ...
 $ variable: Factor w/ 4 levels "Ozone","Solar.R",..: 1 1 1 1 1 1 1 1 1 1 ...
 $ value   : num  41 36 12 18 28 23 19 8 7 16 ...
```

① b<-cast(aqm, month~variable, sum)

② b<-cast(aqm, month~variable, mean)

③ b<-cast(aqm, month~variable)

④ b<-cast(aqm, month~value, mean)

198 다음 중 의사결정나무 모형을 구축하는데 사용하는 R 패키지가 아닌 것은 무엇인가?

① rpart

② party

③ maptree

④ nnet

199 다음의 통계 검정 중 비모수 검정이 아닌 것은 무엇인가?

① 부호검정
② 순위합검정
③ F-검정
④ 만-위트니 U 검정

200 다음 중 모집단에서 표본을 추출하는 방법이 아닌 것은 무엇인가?

① 단순랜덤추출법
② 계통추출법
③ 층화추출법
④ 깁스추출법

201 추정이란 표본을 이용하여 모집단의 특성치에 대한 추측값을 제공하고 그 오차한계를 제시하는 과정이다. 다음 중 추정에 대한 설명으로 가장 부적절한 것은?

① 각각의 확률분포는 분포의 형태를 결정하는 평균, 분산 등의 모수(parameter)를 갖고 있다.
② 모집단의 특성을 나타내는 모수는 일반적으로 알려져 있지 않으며 표본추출에 의해 이 미지의 모수를 추정하게 된다.
③ 점추정이란 '모수가 특정한 값일 것'이라고 선언하는 것으로 점추정치만으로 추정이 얼마나 정확한가를 판단할 수 있다.
④ 구간추정이란 '모수가 특정 구간에 있을 것'이라고 선언하는 것으로 항상 추정량의 분포에 대한 전제가 주어져야 한다.

202 다음 중 시계열모형에 대한 설명으로 부적절한 것은?

① 과거의 자료가 현재 자료에 영향을 주는 모형을 자귀회귀모형(autoregressive model)이라고 한다.
② 현재 자료를 과거의 백색 잡음의 결합으로 나타내는 모형을 이동평균모형(moving average model)이라고 한다.
③ 정상성을 만족하지 않는 시계열 자료는 모형화할 수 없다.
④ 계절성을 갖는 비정상 시계열은 계절차분을 이용해 정상 시계열로 바꿀 수 있다.

203 아래는 5개의 관측치(a,b,c,d,e)를 가진 데이터셋에서 각 관측치 사이의 유클리드 거리를 계산한 행렬이다. 계층적 군집방법을 사용할 때 가장 먼저 군집을 이루는 두 관측치는 무엇인가?

아 래

```
>round(dist(data),1)
          a        b        c        d
  b      3.2
  c      3.6      5.4
  d      3.2      2.8      3.0
  e      5.0      3.0      5.1      2.2
```

① a, b
② a, e
③ c, e
④ d, e

204 다음 중 의사결정나무(Decision Trees) 모형의 특징이 아닌 것은 무엇인가?

① 비정상적인 잡음 데이터에 대해서도 민감하지 않게 분류할 수 있다.
② 모형의 결과를 누구에게나 설명이 용이하여 해석력이 우수하다.
③ 모형구축하는 방법이 계산적으로 복잡하지 않다.
④ 변수의 수가 많고 입력변수와 출력변수가 복잡한 비선형 형태를 가질 때에도 다른 분류모형보다 비교적 정확도가 우수하다.

205 확률변수(random variable)란 표본공간내의 각 사건들에 실수값을 대응시키는 함수를 의미한다. 다른 수학적 변수와는 달리 하나의 고정된 값을 가지지 않고 사건의 발생에 따라 각각 다른 확률값을 가지게 된다. 확률변수에 대한 설명으로 가장 부적절한 것은?

① 이산형확률변수란 확률변수가 값이 셀 수 있는 목록 중 하나의 값을 가지는 확률변수를 말한다.
② 연속형확률변수란 확률변수가 구간 또는 구간들의 모임인 숫자 값을 가지는 확률변수를 말한다.
③ 확률변수는 모집단의 특성값을 수의 집합 위의 확률에 대응 시켜준다.
④ 확률변수의 값에 따라 확률이 어떻게 흩어져 있는지를 합이 1인 양수로써 나타낸 것을 확률분포라고 한다.

206 다음 중 이상값(outlier)의 처리에 관한 설명으로 가장 부적절한 것은?

① 이상값은 제외하고 분석을 실시한다.
② 변수의 summary로 mean, median, Q1, Q3로 이상값에 대한 일차적인 판단이 가능하다.
③ boxplot, histogram, scatter plot 등의 플롯을 통해 확인할 수 있다.
④ 이상값 판별의 한 방법으로써 평균으로부터 3 standard deviation 이상 떨어져 있는 값을 이상값으로 판단한다.

207 가설검정은 지정된 유의수준에서 귀무가설과 대립가설 중 하나를 택하는 결정의 방법론이라 할 수 있다. 다음 중 가설검정에 대한 설명으로 가장 부적절한 것은?

① 귀무가설이 참일 때 귀무가설을 기각하게 되는 오류를 제1종 오류라 한다.
② 유의수준이 지정되는 경우 지정된 수준에서 통계적 유의성을 주장할 수 있는 검정통계량의 영역을 기각역이라 한다.
③ 유의확률은 검정통계량이 실제 관측된 값보다 대립가설을 지지하는 방향으로 더욱 치우칠 확률로서 대립가설 하에서 계산된 값이다.
④ 대립가설 하에서 제2종 오류를 범하지 않을 확률을 검정력(power)이라 한다.

208 데이터 마이닝 모형 구축을 위하여 분할한 데이터 중에서 구축된 모델의 과잉 또는 과소 맞춤 등에 대한 미세 조정을 위해서 사용되는 데이터로 적절한 것은?

① 구축용 데이터
② 추정용 데이터
③ 훈련용 데이터
④ 검정용 데이터

**Advanced Data Analytics
Professional**

**Advanced Data Analytics
Semi-Professional**

데이터분석
자격검정
실전문제

정답 및 해설

Ӄdata 한국데이터산업진흥원

목차

과목 : 데이터 이해

1. ②

해설 : 클라우드 컴퓨팅은 대규모의 데이터가 모이는 곳일 뿐 아니라 맵리듀스(Map Reduce)와 같은 병렬분산 처리 기법을 통해 거대 규모 데이터의 신속한 처리 비용을 급격히 하락시켜 빅데이터 분석의 경제성을 획기적으로 개선하였다.

2. ④

해설 : 빅데이터 가치 산정을 어렵게 만드는 요인으로는 데이터의 재사용, 2차적 목적으로의 활용, 창조적 방식으로 활용되며 새로운 가치를 창출하는 것들이라고 볼 수 있다. 이해하기 어려운 대출심사 알고리즘의 경우 빅데이터의 가치 산정이 어려운 이유가 아니라 알고리즘 전문가인 알고리즈미스트 (algorithmist)에게 도움을 받아야 하는 이유이다.

3. ④

해설 : 데이터의 크기가 커진다고 분석을 많이 사용하는 것이 중요해지는 것은 아니다. 문제는 분석을 많이 사용하는 것이 아니라, 데이터의 성격과 데이터에서 얻고자 하는 가치에 적합한 분석을 사용하는 것이다.

4. ②

해설 : 복잡한 데이터의 최적화 능력이 반드시 최고의 가치를 창출하는 것은 아니다. 전략적 통찰 없는 복잡한 분석이 쓸모없는 비즈니스 모델을 뒷받침하는 데 활용될 경우 비즈니스에 필요한 가치를 창출하지 못하는 경우도 많다.

5. ②

해설 : 조직이 분석을 도입하는 시기에는 분석의 노력을 너무 많은 대상에 기울이지 말고, 한가지 주요한 대상이나 몇 가지 작은 대상에 몰두하는 것이 바람직하다.

6. ④

해설 : 분석모델의 정확성은 대부분 수집된 데이터의 범위 내에서만 유효하다. 모델 범위 외 요인들을 판단하고자 하는 것은 부적절하며 심지어 큰 위험을 동반할 수 있다. 또한 지나치게 많은 과거 데이터를 모델에 포함하는 것은 글로벌 금융위기의 사례에서 알 수 있듯이 모델의 정확성을 떨어뜨리기도 한다.

7. ③

해설 : 데이터 수집이나 분석이 너무 늦어 사용할 수 없게 되는 것은 프로세스 오류에 대한 설명이다.

해설 : (가) – 데이터(존재형식을 불문하고 타 데이터와의 상관관계가 없는 가공하기 전의 순수한 수치나 기호)

(나) – 정보(데이터의 가공 및 상관관계간 이해를 통해 패턴을 인식하고 그 의미를 부여한 데이터)

(다) – 지식(상호 연결된 정보 패턴을 이해하여 이를 토대로 예측한 결과물)

(라) – 지혜(근본 원리에 대한 깊은 이해를 바탕으로 도출되는 창의적 아이디어)

9. ③

해설 : ■ CRM(고객관계관리): 기업들이 고객을 확보하고 이를 유지하고자 구매이력 등 데이터를 분석하여 고객관리에 적용하는 등의 방법

■ ERP(전사적자원관리): 기업활동 전반 모든 업무의 경영자원을 대상으로 관리함으로써 기업의 경영 및 관리 업무효율 증대

■ ITS(지능형교통체계): 국가교통DB 구축을 통해 교통소통을 목적으로 운전자에게 정보를 제공

■ KMS(지식관리시스템): 조직 내 인적자원들이 축적하고 있는 지식을 체계화하여 공유함으로써 조직의 역량을 강화

10. ④

해설 : 빅데이터가 만들어내는 본질적인 변화:

■ 사전처리 → 사후처리 (⇒ 선택지①)

■ 데이터의 질(質) → 데이터의 양(量) (⇒ 선택지②)

■ 인과관계 분석 → 상관관계 분석 (⇒ 선택지③)

■ 표본조사 → 전수조사 (⇒ 선택지④)

단답1. 플랫폼

해설 : 빅데이터의 기능을 표현하는 비유로는 첫째 산업혁명의 석탄 또는 철, 둘째 21세기의 원유, 셋째 렌즈, 넷째 플랫폼 기능이 있다. 이 중 플랫폼이란 다양한 차원에서 활용되는 개념이지만 비즈니스 측면에서는 일반적으로 '공동 활용의 목적으로 구축된 유·무형의 구조물'을 의미한다.

단답2. 나-가-라-다

해설 : 테라바이트(TB)=10244, 페타바이트(PB)=10245, 엑사바이트(EB)=10246, 제타바이트(ZB)=10247, 요타바이트(YB)=10248

11. ①

해설 : 빅데이터를 통한 경영 혁신의 단계 : 새로운 차원의 생산성 향상 → 발견에 의한 문제해결 → 의사결정의 과학화와 자동화 → 새로운 고객가치와 비즈니스 창출

12. ②

해설 : ②는 데이터 오용의 위기요소에 대한 대응책의 일환임

미국 연방거래위원회(FTC)는 2012년 소비자들을 위한 온라인 프라이버시 보호법 제정을 촉구하는 '급속히 변화하는 시대의 소비자 프라이버시 보호(Protecting Consumer Privacy in an Era of Rapid Change)' 권고안을 발표했다.

FTC의 '소비자 프라이버시 보호를 위한 프레임워크' 3대 권고사항은 다음과 같다:

- 프라이버시 보호 디자인(Privacy by Design) – 기업은 모든 상품 개발 단계에서 소비자 프라이버시 보호 방안을 적용 받음
- 비즈니스와 소비자를 위한 단순화된 선택(Simplified Choice for Business and Consumers) – 기업은 소비자에게 어떤 정보를 누구와 공유할지 선택할 수 있는 옵션을 제공해야 함
- 더욱 강화된 투명성(Greater Transparency) – 기업은 소비자 정보의 수집 및 사용에 대한 세부 정보를 공개하고, 소비자에게 수집된 자신의 데이터에 접근할 수 있는 권한을 부여해야 함

13. ③

해설 : 데이터 사이언티스트에게 요구되는 소프트 스킬에는 창의적 사고, 호기심, 논리적 비판, 스토리텔링, 비주얼라이제이션, 커뮤니케이션 등이 있다.

14. ④

해설 : 설문조사의 주관식응답은 텍스트 데이터로서 비정형 데이터이지만, 객관식응답은 수치로 처리할 수 있는 정형 데이터로 볼 수 있다.

15. ①

해설 : 데이터웨어하우스는 데이터의 주제 지향성, 데이터 통합, 데이터의 시계열성, 데이터의 비휘발성이라는 4가지 특성을 갖는다.

16. ②

해설 : 빅데이터 시대에는 변인 간의 인과관계를 밝혀내는 것보다 사용 목적에 따라서는 단순한 상관관계만을 밝혀내 활용하는 것이 사업 목적상 더 부합하는 경우가 빈번해지고 있음.

17. ③

해설 : 공공데이터의 개방은 빅데이터의 출현배경이라기 보다는 빅데이터 현상 이후 국가에서 이를 보다 활성화하기 위한 측면이 강함.

18. ①

해설 : 빅데이터의 5V 특성: Volume, Variety, Velocity, Veracity, Value

구글은 전 세계에서 수집한 수십억개의 공문서 및 도서를 기반으로 번역 서비스를 개발하였고, 수집한 문서가 많으면 많을수록 번역의 질이 높아진 다는 가정 하에서 출발.

19. ①

해설 : 빅데이터의 부정적 측면:

- 책임원칙 훼손 (⇒ 선택지 ①)
- 사생활침해 (⇒ 선택지 ②, ③)
- 데이터 오용 (⇒ 선택지 ④)

20. ②

해설 : ① 데이터 유형의 다양성에 따라 잠재적 보상을 얻을 수 있다고 조사됨.

③ 빅데이터와 관련된 걸림돌은 비용이 아니라 분석적 방법과 성과에 대한 이해부족임.

④ 성과가 높은 기업 중에서도 폭넓은 가치 분석적 통찰력을 갖추고 있는 기업의 비율은 낮음.

단답3. 비즈니스 인텔리전스 (BI: Business Intelligence)

해설 : 데이터 분석에 대한 시대적 흐름을 이해하고 있는지 측정하는 문제로서, Business Intelligence는 데이터 기반 의사결정을 지원하기 위한 리포트 중심의 도구를 의미함.

단답4. 데이터 사이언스

해설 : 빅데이터를 학문적 관점에서 접근하려는 데이터 사이언스에 대한 문제이다.

21. ①

해설 : '직업'은 정성적 데이터(Qualitative data, 질적 자료)로, 수치·기호·도형으로 표시되는 정량 데이터로 보기엔 어렵다.

22. ④

해설 : 암묵지란 말로는 하나하나 설명할 수 없는, 개인이 체화하여 갖고 있는 내면의 비밀스런 지식을 의미하며, 형식지란 전달과 설명이 가능한 적절히 표현되고 정리된 지식을 의미한다.

23. ②

해설 : 유전 알고리즘(Genetic algorithms)은 '최대의 시청률을 얻으려면 어떤 프로그램을 어떤 시간대에 방송해야 하는가?'와 같은 최적화가 필요한 문제의 해결책을 찾을 때 사용되는 분석이다.

24. ①

해설 : 반정형 데이터는 관계형 데이터베이스나 다른 형태의 데이터 테이블과 연결된 정형 구조의 데이터 모델을 준수하지 않는 정형데이터의 한 형태로 일반적으로 형태가 있으면서 연산 불가능한 경우 반정형 데이터로 볼 수 있다. 로그 데이터가 대표적이다.

25. ④

해설 : 분석을 많이 사용하는 것이 경쟁우위를 가져다주지는 않는다. 분석의 포커스를 제대로 두고 경쟁의 본질을 제대로 바라보고 분석을 활용하는 것이 보다 더 중요하다.

26. ②

해설 : 가치 패러다임 변화 3단계:
1단계) Digitalization - 아날로그의 세상을 효과적으로 디지털화 하는 것
2단계) Connection - 디지털화된 정보와 대상들의 연결을 효과적이고 효율적으로 제공하는 것
3단계) Agency - 복잡한 연결을 효과적이고 신뢰성 있게 관리해주는 것

27. ③

해설 : 데이터베이스는 여러 사용자가 서로 다른 목적으로 데이터베이스의 데이터를 공동으로 이용한다는 것을 의미하는 공용데이터(shared data)를 일반적인 특징으로 한다.

28. ①

해설 : 2000년에 들어서면서 기업 DB구축의 화두는 CRM과 SCM으로 바뀌었다.

29. ②

해설 : '_'는 하나의 글자, '%'는 모든 문자를 대신하여 사용이 되는 와일드카드이므로 두 번째 문자가 A인 경우만 출력됨.

30. ③

해설 : 가이드에는 상세하게 기술되어 있지 않지만 데이터베이스의 기본인 SQL에 대한 기초 지식이 있는지 묻는 문제로서, CREATE는 테이블을 생성하는 SQL로 DDL(Data Definition Language)에 해당함.

단답5. 생산성

해설 : 빅데이터에서 추출된 가치는 먼저 기업에게 혁신과 경쟁력, 생산성 향상을 가져다준다.
기업에서는 빅데이터를 활용해 소비자의 행동을 분석하고 시장 변동을 예측해 비즈니스 모델을 혁신
하거나 신사업을 발굴할 수 있다. 또 빅데이터를 원가절감, 제품 차별화, 기업활동의 투명성 제고
등에 활용하면 경쟁사보다 강한 경쟁력을 확보하는데 도움이 된다. 나아가 빅데이터를 활용해 기업들의
운용 효율성이 증가하면, 산업 전체의 생산성이 향상된다.

단답6. 스키마 (Schema)

해설 : 데이터베이스 스키마는 데이터베이스에서 자료의 구조, 자료의 표현 방법, 자료 간의 관계를 형식
언어로 정의한 구조이다.

31. ③

해설 : ■ 다차원의 데이터를 대화식으로 분석하기 위한 소프트웨어 ⇒ OLAP
■ 경영 의사결정을 위한 통계적이고 수학적인 분석에 초점을 둔 기법 ⇒ Business Analytics
■ 데이터 기반 의사결정을 지원하기 위한 리포트 중심의 도구 ⇒ BI(Business Intelligence)
※ OLTP는 온라인 거래 처리(On-line Transaction Processing)를 뜻함

32. ④

해설 : 하둡은 대량의 자료를 처리할 수 있도록 대형 컴퓨터 클러스터에서 동작하는 분산 응용 프로그램
지원 프레임워크로 빅데이터 자체로 볼 수는 없음

33. ①

해설 : Ngram Viewer는 모든 책을 디지털로 전환하여 검색 서비스에 포함시키려는 구글의 프로젝트 결과물로서
제공되는 서비스임. 여기에서는 특정한 말뭉치(corpus)를 검색하면 그 말뭉치가 시간의 흐름에 따라
어떤 빈도로 사용되어 왔는지를 보여주며 렌즈처럼 특정 시점에 비교하려는 말뭉치와의 빈도수를
보여줌으로써 현미경의 확대 기능과 유사한 서비스를 제공함.

34. ①

해설 : 개인정보 활용에 대한 동의제를 책임제로 전환하는 것은 사생활 침해 문제해결을 위한 방안이다.
책임원칙 훼손 위기에 대한 통제 방안으로는 결과에 대해서만 처벌하는 기존의 책임원칙을 좀 더
보강하고 강화하는 것이 논의되고 있다.

35. ②

해설 : 오늘날 CRM은 기존의 목적은 그대로 유지하면서 방법론에서 다양한 모색을 하고 있다.

36. ①, ③

> 해설 : 경영진의 직관적 결정을 뒷받침하기 위해 분석을 사용한다거나 업계 내부의 문제에만 포커스를 두는 경우는 전략적 통찰력을 얻기 위한 분석이 아니라 일차적인 분석 사용 방법이다.

37. ②

> 해설 : 데이터는 사건의 특징을 기술하는 사실을, 정보는 상황에 맞게 의미 있고 유용하게 변환된 데이터를 의미한다.

38. ①

> 해설 : 개인의 신용도 평가에 가장 많이 활용되는 것은 회귀 분석이다.

39. ②

> 해설 : 뛰어난 데이터 사이언티스트는 정량 분석이라는 과학과 인문학적 통찰에 근거한 합리적 추론을 탁월하게 조합한다.

40. ①

> 해설 : DBMS는 사용자가 쉽게 데이터베이스를 구축하고 유지할 수 있도록 하는 소프트웨어로써 데이터베이스 자체와는 구분되나 일반적으로 데이터베이스와 DBMS를 함께 데이터베이스 시스템으로 칭한다.

단답7. 데이터 익명화 (Data Anonymity)

단답8. 총체적 접근법

> 해설 : 데이터 사이언스가 기존의 통계학과 다른 점은 총체적(holistic) 접근법을 사용한다는 점으로 통계학이 정형화된 실험 데이터를 분석 대상으로 하는 것에 비해, 데이터 사이언스는 정형 또는 비정형을 막론하고 인터넷, 휴대전화, CCTV 등에서 생성되는 숫자와 문자, 영상정보 등 다양한 유형의 데이터를 대상으로 한다.

41. ③

> 해설 : N : 1 관계란, 상품 개체의 원소는 고객 개체의 여러 원소와 대응하고 있지만, 고객 개체의 원소는 상품 개체의 원소 한 개와 대응함을 의미한다.

42. ④

> 해설 : 재무, 생산, 운영과 같이 부서별 또는 업무 기능별 특정 주제 중심으로 구축되는 것은 데이터마트의 특징이다.

43. ①

해설 : 증거를 관찰하기 전과 후의 가설에 대한 믿음의 정도를 나타내는 추정치로 수익예측에 사용되는 것은 베이즈추론에 대한 설명이다.

44. ④

해설 : ④ 택배차량을 어떻게 배치하는 것이 가장 비용 효율적인가?와 같은 문제는 유전 알고리즘 등 최적화 기법을 사용하여 해결한다. 유전 알고리즘은 최적화가 필요한 문제의 해결책을 자연선택, 돌연변이 등과 매커니즘을 통해 점진적으로 진화(evolve)시켜 나가는 방법이다.

45. ①

해설 : ERP(전사적자원관리)는 기업활동 전반 모든 업무의 경영자원을 대상으로 관리함으로써 기업의 경영 및 관리 업무효율 증대를 목적으로 한다.

46. ④

해설 : 최근 사회경제적 환경 변화의 특징:
- 단순한 세계화에서 복잡한 세계화로 변화
- 비즈니스의 중심이 제품생산에서 서비스로 이동
- 경제와 산업의 논리가 생산에서 시장창조로 바뀜
※ 데이터 기반 의사결정이 중요해지는 것은 인문학적 사고와 관련이 없음.

단답9. 지식

해설 : DIKW 피라미드(Data, Information, Knowledge, Wisdom hierarchy)에서는 데이터, 정보, 지식을 통해 최종적으로 지혜를 얻어내는 과정을 계층구조로 설명하고 있다.
DIKW 피라미드에서 지식은 데이터를 통해 도출된 다양한 정보를 구조화하여 그 정보 패턴을 이해하여 이를 토대로 예측한 결과물이다.

단답10. 무결성(integrity)

과목 : 데이터 분석 기획

1. ④

해설 : CLD는 선택(Choice)-이론(Theory)-결과(Consequcence)의 형태로 비즈니스 운영시나리오를 상세화하여 정의할 수 있다. 선택은 조직이 운영되어야 하는 방식에 대한 의사결정사항으로 정책, 자산, 거버넌스의 유형이 있고 결과는 민감한 결과(Flexible Consequence)와 견고한 결과(Rigid Consequence)의 유형이 있다.
좋은 CLD는 목표 일치성, 상호 강화, 선순환 구조, 모델의 강건성을 가져야 한다. 비즈니스 모방이 어려울수록 강건한 비즈니스 모델이다. 견고한 결과는 그 결과를 도출하는 선택에 따라 급속히 변화되지 않으므로 모방이 어렵다. 견고한 결과가 선순환으로 일부로 구성되어 있을 경우 특히 모방이 어렵다. 상호 보완적인 강화 요소가 많은 경우 모방이 어렵다.

2. ③

해설 : 분석과제 우선순위 포트폴리오 사분면(Quadrant)은 분석과제를 난이도 및 시급성으로 각각 구분하여 1분면에서 4분면까지 나누고, 과제 우선순위를 선택할 수 있는 도구이다. 3분면(Ⅲ 영역)은 현시점에서 기업의 전략적 중요도가 높고, 분석 과제 추진을 위한 어려움이 비교적 낮기 때에 가장 먼저 검토해야할 대상이다.

3. ②

해설 : 정보보안 거버넌스는 IT 거버넌스의 3가지 구성요소를 그대로 따르고 있으며 정보를 보호하는 리더쉽, 조직구조, 프로세스로 구성되어 있어 IT 거버넌스에 포함되어 있다고 볼 수 있다.

4. ①

해설 : 분석체계 구현은 기존의 DW(Data Warehouse)/BI(Business Intelligence) 시스템과는 달리 반복적인 정련을 통해 분석모델을 최적화하는 관점에서 구현되어야 한다. 즉 필요한 데이터를 수집 및 확보하고, 분석 모델을 설계하여 준비된 데이터를 적용해보고, 적용결과를 평가하는 과정을 반복적으로 시행하면서 분석모델을 최적화한다. (CRISP-DM 모델 참조)

5. ②

해설 : 기존에는 혁신 및 비즈니스 개선을 위한 방향은 업무 효율성 중심, Core 업무 중심, 기반 구축 중심, 업무프로세스와 데이터분석 분리 접근, 이슈 중심의 상향식(Bottom-Up) 접근이 주를 이루었다. 그러나 향후에는 업무 효과성 중심, 기획/평가업무 중심, 활용 중심, 업무 프로세스내 데이터분석 내재화 접근, 비즈니스 모델 및 시나리오 중심의 하향식(Top-Down) 접근이 필요하다.

6. ③

해설 : 데이터 분석은 데이터베이스(Database), 데이터웨어하우스(Data Warehouse) 등의 구조적 데이터 (Structured Data) 뿐만 아니라 업무 수행시 필요한 비구조적 데이터(Unstructured Data), 반구조적 데이터(Semistructured Data)를 포함하여 분석한다.

7. ③

해설 : 비즈니스 이벤트가 발생했을 때 이에 대응하기 위한 액션으로 이어지는 순간까지 데이터 지연, 분석 지연, 의사결정 지연이 발생하여 운영최적화 달성에 어려움을 유발한다.

8. ①

해설 : 분석 선순환 구조 맵을 통해 분석 목록을 선택과 결과로 모델링하고 각 결과들을 정과 부의 관계로 표현하여 상호간 선순환 되고 있는지 또는 상충되는 요소가 있는지 확인한다.

단답1. 데이터

해설 : 의사결정 및 운영 최적화를 위해서는 소요시간의 지연이 최소화 되어야 하는데, 이를 방해하는 지연 시간은 데이터 지연 시간, 분석 지연 시간, 의사결정 지연 시간이 있다.

단답2. 잊힐 권리(잊혀질 권리, Right to be forgotten)

해설 : 옥스퍼드대학교 인터넷연구소 빅토어 마이어 쇤베르거에 의하여 처음 언급된 개념으로 디지털 환경에서 '지워지지 않는 기록'의 문제를 다루고 있다. 2012년 유럽연합 집행위원회가 인터넷에서 정보 주체의 권리를 강화하기 위해 잊힐 권리를 명문화하는 내용을 골자로 한 정보보호법 개정안을 확정했다. 한국 은 정보통신망법 제44조에 정보통신망을 통하여 일반에게 공개를 목적으로 제공된 정보로 사생활 침해나 명예훼손 등 타인의 권리가 침해된 경우 그 침해를 받은 자는 해당 정보를 취급한 정보통신서비스 제공자에게 침해사실을 소명하여 그 정보의 삭제 또는 반박내용의 게재를 요청할 수 있다는 관련 법률을 갖고 있다. 그러나 국외적으로 아직 찬반논란이 계속되고 있다.

9. ②

해설 : 분석 적용을 위한 우선순위 감수 시 주요 고려요소로는 전략적 중요도, 분석 ROI, 실행 용이성 등이 있으며, 적용 범위 / 방식에 대한 고려요소로는 업무 내재화 적용 수준, 분석 데이터 적용 수준, 기술 적용 수준 등이 있다.

10. ②

해설 : 집중형은 전사차원의 분석업무를 별도의 분석 전담 조직에서 담당하는 것으로써 전략적 정요도에 따라 분석조직이 우선순위를 정해 과제 진행이 가능하고 현업 업무부서의 분석업무 이중화/이원화 가능성이 높다.

반면 분산형은 분석조직 인력들을 현업부서로 직접 배치하여 분석업무를 수행하고 전사차원의 우선순위를 결정한다. 그리고 분석결과에 따른 신속한 Action이 가능하고 Best Practice의 공유도 가능하다.

기능형은 별도의 분석조직이 없고 해당 업무부서에서 분석업무를 수행하므로 전사적 전략적 과제수행이 어렵고 과제의 규모도 부서단위 이슈로 제한될 수 있다.

11. ①

해설 : Data Stewardship은 데이터의 관리책임성에 있어서 중요한 거버넌스의 항목이다. 그리고 데이터에 대한 생성 및 관리에 대한 오너쉽은 기존의 정형 데이터가 다항한 형태의 다량의 데이터를 다루는 빅데이터에 비하여 강하게 나타난다.

그리고 데이터 오너쉽은 데이터 거버넌스 또는 빅데이터 거버넌스체계에서 관리되고 통제되어야 하는 중요한 항목이다.

12. ②

해설 : 빅데이터의 80% 이상을 차지하는 비정형 데이터에 대한 보안도 필요하며, 민감한 정보가 산재되어 있고, 일회성 데이터 및 실시간적이고 분산된 데이터에 대해 기존 방식과는 다른 정보보안 방안이 필요하다 하지만 모든 데이터의 품질을 보장하기 보다는 빅데이터의 개념 및 특성을 고려하여 보안/보호 되어야 할 데이터와 수준에 대한 기준을 정의해야 한다.

13. ④

해설 : 기업의 분석기회 발굴 방법은 다음 3가지가 있다.

1) 기업의 비즈니스 모델 분석을 통해 경쟁력 강화를 위한 핵심 분석기회를 식별하는 방식
2) 특정 대상 프로세스를 감수한 후 업무주제별로 분석요건을 식별하는 방식
3) 제공되는 산업별, 업무 서비스별 분석 테마 후보 풀의 벤치마킹을 통한 분석기회를 식별하는 방식이 있다.

기업이 갖고 있는 과거 및 현재의 모든 데이터를 분석하여 비즈니스 인사이트를 찾는 노력은 비용효율적이지 못하므로 분석대상 및 목적을 명확히 정의하고, 필요한 데이터를 수집·분석하여 점진적으로 확대시켜 나가는 것이 보다 효율적이다.

14. ④

해설 : 고객의 상품/서비스 구매는 그들의 니즈를 충족시키기 위한 행위로써, 가치창출의 시작점은 Customer Value Wedge 분석을 통해 고객의 니즈가 무엇인지 명확하게 하는 것부터 출발한다.

고객의 니즈를 구성하는 Customer Value Wedge는 기능적 가치(Functional Value), 재무적 가치(Financial Value), 무형의 가치(Intangible Value), 감성가치(Emotional Value)이며 즐거움, 자긍심, 자유 등은 감성가치(Emotional Value)의 요소이다.

15. ①

해설 : 전략 캔버스는 지속 가능한 고성장을 이루기 위해서는 경쟁사나 고객뿐만 아니라 지금은 고객이 아닌 비고객 가치까지 흡수할 수 있는 신 시장(새로운 시장)을 창출해야 한다는 주장을 담고 있는 블루오션 전략에서 가장 중요시 하고 있는 방법론이다.

전략 캔버스는 공급자의 눈이 아니라 고객의 시각에서 볼 때, 회사가 제공하는 가치가 과연 다른 회사와 얼마나 차별화 되는지를 표현한다. 즉, 기업의 전략 목표 및 계획에 대해 조직 내의 모든 구성원이 쉽게 이해하고, 커뮤니케이션하고, 창의적인 사고를 할 수 있도록 기업 전략을 수치가 아닌 비쥬얼한 차트 형태로 심플하게 표현한다.

16. ④

해설 : 전략테마와 실행활동 간 관계 분석을 통해 도출된 전략테마와 실행활동을 바탕으로 선택-이론-결과의 형태로 비즈니스 운영 시나리오를 상세화하여 정의한다. 이때 선택은 정책(Policy), 자산(Asset), 거버넌스(Governance)의 3가지 유형이 있다.

단답3. 분석기회 또는 분석 유즈 케이스(Analytic Use Case)

단답4. 조직·역량 부문

17. ④

해설 : 빅데이터를 특징짓는 핵심 요소로서 Volume(데이터의 규모/양), Variety(데이터의 종류/유형), Velocity(데이터의 생성속도/처리속도) 등 3V는 ROI 관점에서 투자비용 요소이자 난이도를 평가하는 기준이 되며, Value(분석 결과 활용 및 실행을 통한 비즈니스 가치)의 경우 ROI 관점에서의 비즈니스 효과이며, 적용 우선순위 감수 시 시급성을 평가하는 기준이 된다.

18. ①

해설 : 데이터 분석 수준진단은 6개 영역의 분석준비도(Readiness)와 3개 영역의 분석성숙도(Maturity)로 구성되어 있다. 분석 준비도는 분석업무, 분석 인력 및 조직, 분석 기법, 분석 데이터, 분석 문화, 분석 인프라 등의 영역을 대상으로 현재 기업의 분석 수준을 진단한다.

19. ③

해설 : 분석성숙도(Maturity)는 도입, 활용, 확산, 최적화의 4단계로 되어있다. 도입단계는 분석을 시작하기 위한 환경과 시스템을 구축하는 단계이고, 활용단계는 분석결과를 실 업무에 적용하는 단계이다. 확산단계는 전사 차원에서 분석을 관리하고 공유하는 단계이고, 최적화단계는 분석업무를 확산하여 전사차원의 혁신으로 연결시키고 성과를 향상시키는 단계로써 프로세스 내재화가 중요한 특징이다.

20. ③

해설 : 데이터 품질관리는 기업이 보유하고 있는 DB형태의 정형 데이터 뿐만 아니라 동영상, 이미지, 사운드 등 다양한 비정형 데이터에 대한 품질관리도 포함하는 개념이다.
정형데이터(Structurued Data)의 품질관리의 경우 기존 DB 관리체계에 데이터 품질관리 요소인 데이터 무결성, 데이터 구조의 완전성, 처리 절차의 규정화 등이 포함되며 반정형데이터(Semistructured Data)의 경우는 정형데이터에 준하여 관리되어야 한다. 비정형 데이터(Unstructured Data)는 비정형 콘텐츠 관리기준 등을 마련하고 정의된 기준에 맞는 측정 방법에 의해 데이터 품질을 관리한다. 데이터의 품질관리시 데이터 표준화, 메타데이터 관리, 마스터데이터 관리 등을 거버넌스의 차원에서 지속적이고 일관되게 수행하고 있는지 점검하는 것도 중요하다.

21. ③

해설 : 2014년 정보시스템감사통제협회(ISACA)는 "빅데이터 분석으로 가치창출(Generating Value from Big Data Analytics)' 보고서를 통해 빅데이터 프로젝트에서 이익을 실현할 수 있는 역량을 방해하는 3가지 장애물로서 1) 전문가 부족, 2) 사일로우 조직, 3) 섀도우 IT의 부상 등을 언급하고 있다.

22. ①

해설 : 분석의 내재화 적용을 위한 고려요소는 다음과 같다.
   1. 어떤 프로세스에 어떤 분석요소를 내재화 할 것인가?
   2. 분석 알고리즘(로직)을 어떻게 설계할 것인가?
   3. 분석 결과를 시각적으로 즉시 인지하고 행동할 수 있게 어떻게 구성할 것인가?
   4. 개인화 된 분석결과를 제공하고, 쉽게 동료에게 전달하여 커뮤니케이션 할 수 있는가?
   5. 독립된 정보계와는 달리 업무운영 시스템에 내재될 수 있는 융합성을 가지는가?
   6. 기업 외부에서 접근을 위한 보안과 다양한 플랫폼이 제공되는가?
   7. 대용량 데이터에 대해 필요한 시점에 적합한 속도로 분석을 제공하는가?
   8. 기업 내외부에 산재한 구조화 및 비구조화 된 데이터 소스에 접근할 수 있는가?

23. ③

해설 : 분석과제 포트폴리오 사분면(Quardrant) 분석은 과제를 시급성과 난이도로 구분하여 4개의 분면에
위치하고 기업의 다양한 고려사항을 감안하여 분석과제 수행의 우선순위를 결정한다.
이러한 분석과제 우선순위 선정시 고려해야 할 항목은 첫째 분석 데이터의 적용수준(내부 데이터,
외부 데이터), 둘째 분석과제 수행범위(Pilot 형태의 수행 또는 전체 범위 수행), 셋째 업무 내재화
범위(별도 분석화면만 적용 또는 분석 업무 내재화), 넷째 기존 아키텍처의 영향도(기존 시스템과
분리하여 시행 또는 처리계 시스템에 적용) 등을 고려하여 난이도를 조율하여 조정할 수 있다.

24. ③

해설 : 분석 적용을 위한 우선순위 선정 시 주요 고려요소로는 전략적 중요도, 분석 ROI, 실행 용이성 등이
있으며, 적용 범위/방식에 대한 고려요소로는 업무 내재화 적용 수준, 분석 데이터 적용 수준, 기술
적용 수준 등이 있다.

단답5. 비즈니스 모델(Business Model)

해설 : 비즈니스 모델이란
- '기업운영방식의 표현'(Ramon Casadesus-Masanell & Joan E. Ricart),
- '하나의 조직이 가치를 어떻게 만들고, 제공하며, 획득하는지에 대한 근본적 원리의 표현'
  (Alexander Osterwalder & Yves Pigneur),
- '1) 가치제안의 정립, 2) 세분시장의 정의, 3) 가치사슬구조의 정의, 4) 비용구조와 잠재적 이익
  추정, 5) 공급자와 고객을 잇는 가치네트워크상에서의 위치 감수, 6) 경쟁전략의 형성'(Chesbrough
  & Rosenbloom),
- '기업을 어떻게 경영하느냐를 설명하는 이야기(Stories)(Joan Magrette)'
  라고 정의할 수 있다.

비즈니스 모델과 전략을 비교해 볼 때, 가장 큰 차이점은 전략은 자사가 경쟁사보다 잘할 수 있을지를
설명하는 것이라고 할 수 있다. 경쟁자의 활동들과는 다른 활동들을 수행하거나 유사한 활동들을
다른 방식으로 수행하는 것은 전략에 대한 설명이다.

단답6. 분석 체계

해설 : 식별된 분석기회가 무엇인지 분석기회 구조화 과정을 통해 명확화 한다. 분석기회 구조화를 위한
방법으로는 유저스토리를 정의하고, 분석이 추구하는 목표 가치를 구체화 하고, 필요 분석을 찾기
위한 질문을 정의하는 활동(분석질문 구체화)을 수행한다. 이후 명확화 된 질문에 답하기 위해 필요한
분석 요소(의사결정요소 모형화)와 분석을 도출(분석체계 도출)하고 분석필요 데이터 정의 등의 분석
방안을 구체화 한다.

25. ④

　해설 : 빅데이터를 특징짓는 핵심 요소로서 Volume, Variety, Velocity 등 3V는 ROI 관점에서 투자비용
　　　　요소이자 난이도를 평가하는 기준이 되며, Value의 경우 ROI 관점에서의 비즈니스 효과이며, 적용
　　　　우선순위 선정 시 시급성을 평가하는 기준이 된다.

26. ③

　해설 : 도입단계는 분석을 시작하여 기본적인 환경과 시스템을 구축하고, 일부 부서에서 담당자의 역량에
　　　　의존하여 분석을 수행하는 단계이다.
　　　　활용단계는 분석결과를 실제 업무에 적용하는 단계로, 전문 담당부서에서 일반적인 분석기법을 도입
　　　　및 통계분석 환경을 구현하는 단계이다.
　　　　확산단계는 전사 차원에서 분석을 관리하고 공유하는 단계로, 전담조직과 분석전문가를 두어 다양한
　　　　분석을 실시하고 빅데이터 인프라를 구축하는 단계이다.
　　　　최적화단계는 분석을 진화시켜 혁신 및 성과향상에 기여하는 단계로 실시간 분석 및 최적화 업무에
　　　　적용하고, 분석을 위한 협업 환경구현 및 프로세스 내재화가 가능한 단계이다.

27. ③

　해설 : 집중형 조직구조는 전사 분석업무를 별도의 분석전담 조직(CoE)에서 담당하고 전략적 중요도에 따라
　　　　분석조직에서 과제의 우선순위를 정해서 진행하는 형태로 현업 업무부서와의 분석업무 이중화 가능성이
　　　　있다.

28. ⑤

　해설 : 고객의 니즈를 구성하는 4각지 가치 유형(Customer Value Wedge)은 기능적 가치(Functional Value),
　　　　재무적 가치(Financial Value), 무형의 가치(Intangible Value), 감성가치(Emotional Value)이며
　　　　즐거움, 자긍심, 자유 등은 감성가치(Emotional Value)의 요소이다.

29. ④

　해설 : 전략 프로파일링 단계를 통해 고객에게 제공할 효용 가치 측면에서 전략 캔버스를 정의하고, 전략
　　　　캔버스의 효용 가치를 실현하기 위해 ERRC 관점으로 실행요소들을 도출하고, 전략 캔버스와 ERRC
　　　　테이블을 기준으로 전략테마와 실행요소간의 관계를 정의할 수 있다.
　　　　고객이 제공받기를 원하는 효용에 대해 자사 및 경쟁사가 제공하고 있는 가치수준을 비교 평가하고,
　　　　경쟁사와 차별화 된 고객 효용 제공을 위한 가치요소를 발굴하여, 미래의 전략 프로파일을 설정하고
　　　　실행요소를 발굴한다.
　　　　전략캔버스를 통해 확인된 전략적 경쟁요소와 ERRC 분석을 통해 도출된 고객 효용 제공을 위한 실행
　　　　요소들 간의 연관성을 파악 한 후, Activity System Map으로 전략테마와 연관된 실행활동들을 매핑하
　　　　여 표현한다.

30. ③

31. ③

해설 : 과거의 경험과 성과 또는 감에 의한 의사결정 과정은 객관적이지 못하고 지속성을 확보할 수 없으므로 데이터나 Fact에 기반한 의사결정이 될 수 있도록 데이터 분석 프로세스의 조직내 내재화가 필요하고 필요시 혁신의 도구로 활용될 수 있다.

32. ①

해설 : ■ 분석의 전통적인 approach는
  - 분석 가능한 정형 형태의 데이터를 샘플링하여 분석함
  - 데이터 웨어하우스 또는 데이터 마트에 적재 후 데이터를 분석하고 선택적으로 업무에 참고함
 ■ 빅데이터 approach
  - 정형, 비정형, 반정형 등 가용한 모든 데이터를 분석함
  - 내부 데이터뿐만 아니라 외부 데이터, 공공 데이터 등 모든 데이터를 분석대상으로 선정함
  - 데이터가 생성되는 시점에 실시간으로 분석하고 의사결정에 활용함

단답7. 분석 마스터 플랜

해설 : 분석 마스터 플랜은 전사차원에서 식별된 다양한 분석 주제 또는 과제를 대상으로 적용의 우선순위를 선정하고, 이를 실행하기 위한 구체적인 일정계획, 단계적 구현 로드맵, 소요 인력, 예산 등 실행계획을 수립하는 과정이다.

단답8. 선택(Choice)

해설 : 선택의 3가지 유형은 정책(Policy), 자산(Asset), 거버넌스(Governance)이다.
정책은 기업의 모든 운영의 측면에서 일련의 실행활동을 자산은 생선설비, 통신시스템과 같은 유형의 자원을 말하며, 거버넌스는 자산을 사용하는 정책이다.

33. ①

해설 : 분석(Analytics)확산의 장애요인으로는 데이터 품질 미흡, 일부 빅데이터 관련 기술의 미성숙, 데이터 사이언스 전문인력 부족, 고급의 데이터 엔지니어의 부족, Fact 기반의 의사결정 문화 미정착, 성공사례 미흡(미공개) 등 이다.
그러나 데이터의 생산속도는 IBM의 보고서에 따르면 인류가 갖고 있는 디지털 데이터의 90%가 최근 몇 년에 만들어 졌다고 발표하고 있다. 구글, 페이스북, 트위터 등을 통하여 엄청난 데이터가 만들어지거나 등록되고 있으며, 일부 제조기업들도 자신을 데이터 기업으로 언급할만큼 많은 데이터가 생산되고 있다.

정답 및 해설

34. ①, ④

해설 : 데이터 웨어하우스의 구조적 데이터 뿐만 아니라 업무 수행시 필요한 비 구조적 데이터(비정형 데이터)도 포함하여 분석하고 집계성 데이터 및 주기적으로 수집되는 데이터 뿐만 아니라 실시간 데이터도 분석한다.

35. ③

해설 : Volume은 기존의 데이터베이스에서는 처리가 어려울 정도의 규모의 특성을 말하지만 데이터의 크기의 기준을 구분하기는 어렵다.

Velocity는 배치, 리얼타임, 스트림 형태의 다양한 데이터 분석 서비스를 말하지만 데이터의 증가속도도 표현한다.

Variety는 구조적 데이터(정형데이터)와 비구조적 데이터(비정형데이터), 그리고 반구조적 데이터(반정형데이터) 등 모든 형태의 데이터 구조를 포함한다.

Complexity는 3V의 특징을 갖고 있는 빅데이터를 보관, 운영, 활용하는 것은 매우 복잡하고 어려운 기술로써 고도의 전문성이 요구되지만 일반 사용자의 이용편의성을 고려해야하는 측면도 있다.

36. ④

해설 : 조직내 분석 전문조직을 분석 CoE(Center of Excellence)라고도 하면 분석업무를 전사적으로 총괄하는 조직이다.

분석 전문조직은 구성원들이 비즈니스 역량, IT 역량 및 분석 역량을 고루 갖추어야 하며, 현업부서 및 IT부서와의 지속적인 커뮤니케이션을 수행 할 수 있어야 합니다.

데이터 품질의 진단 및 개선은 분석 전문조직내 업무로 편입될 수는 있지만 별도 IT 부서, 데이터 거버넌스 부서, 데이터 품질관리 부서 등에서 전문적으로 수행하는 것이 보다 효율적이다.

37. ④

해설 : BI는 데이터와 통계적 기법을 통해 과거 성과를 측정하고 비즈니스 계획에 참고할 수치 사용에 중점을 두고 있다. 즉, '과거에 무슨일이 발생했는지?', '어디에, 얼마나 많이, 얼마나 자주 문제가 있었는지?', '무슨 액션이 필요한지?'에 대한 답을 얻고자 한다.

Business Analytics는 인사이트를 얻고, 계획을 수립하기 위해 과거 실적을 조사하고, 결과를 예상하기 위한 목적으로 이용하는 스킬, 기술, 애플리케이션, 실무를 일컫는다. 데이터와 통계적 기법을 통해 비즈니스 성과의 이해 및 인사이트 발견에 중점을 두며, 왜 이런 일이 발생했는가? 이러한 트렌드가 지속될 것인가? 다음에 무슨 일이 발생할 것인가? 최적의 선택은 무엇인가? 에 답을 제공해 준다.

38. ③

해설 : 시장요인, 산업요인, 주요 트렌드, 거시경제 요인에 대한 분석을 통해 기업을 둘러싸고 있는 환경변화에 대한 비즈니스 컨텍스트를 파악한다.

39. ③

해설 : 기업의 데이터 분석과제를 수행하기 위해서는 기업내부의 데이터와 외부 데이터 그리고 공공데이터
까지 모두 그 대상이 될 수 있다.
또한 정형과 비정형 그리고 반정형까지 모든 형태의 데이터도 필요시 활동되면 이러한 데이터 들은
매쉬업을 통하여 시너지를 갖게 된다.

40. ④

해설 : 분석과제의 우선순위는 시급성(정략정 중요도, 목표가치)과 난이도(데이터 획득/저장/가공 비용, 분석
적용 비용, 분석 수준) 그리고 비즈니스 효과와 투자비용 요소로 결정된다.

단답9. 분석유즈케이스 또는 분석기회, Analytic Use Case

해설 : CLD를 통해 전략 테마의 실행 요소(선택)와 이에 따른 결과들 간의 관계을 시각적으로 표현하고
이해할 수 있다. CLD의 가정을 실현하기 위한 Enabler로써 분석을 통한 핵심 의사결정 지원요소가
무엇인가를 고민하여 회사의 비즈니스 모델이 제대로 작동하기 위한 핵심 Analytic Use Case를 발굴
한다. CLD의 Theory(가정)을 입증할 만한 Analytic Use Case를 찾는다면 Choice → Consequence를
확신할 수 있다.

단답10. APT 공격

41. ①

해설 : 분석도입의 성공을 위해서는 핵심분석을 발굴하고, 분석을 위한 프로세스 및 데이터 기반의 의사결정
문화를 조성할 필요가 있다.
그리고 분석도구의 활용을 내재화하기 위한 방안 수립도 필요하다.

42. ②

해설 : 대상 프로세스 설정/분석을 위한 Bottom Up 경로 접근방식에서 특정 업무영역의 주제 지향적 분석기회를
발굴하는 절차로써 프로세스 분류, 프로세스 흐름 분석, 분석요건 식별, 분석요건 정의 단계로
구성된다.

43. ①

해설 : 분석기회 구조화는 유저 스토리(User Story)를 정의하고 목표가치를 구체화하고 분석 질물을 상세화
하는 과정이다.

44. ②

해설 : 데이터 분석 수준진단 결과는 확산형, 도입형, 준비형, 정착형으로 나뉘게 되는데, 이는 조직의 성숙도 (Maturity)와 준비도(Readiness)를 사사분면으로 나뉘어 평가한 결과이다.

따라서 필요한 데이터 및 분석기법은 부족하지만 준비도가 높은 단계는 도입형이다.

단답11. 분석업무, 분석 인력 및 조직, 분석기법, 분석 데이터, 분석문화, 분석 인프라 중 선택

해설 : 분석 준비도는 분석업무, 분석 인력 및 조직, 분석 기법, 분석 데이터, 분석 문화, 분석 인프라 등 총 6개 영역을 대상으로 현재 기업의 분석 수준을 진단한다.

단답12. Casual Loop Diagram 또는 CLD

해설 : CLD를 통해 전략 테마의 실행 요소(선택)와 이에 따른 결과들간의 관계을 시각적으로 표현하고 이해할 수 있다.

CLD의 가정을 실현하기 위한 Enabler로서 분석을 통한 핵심 의사결정 지원요소가 무엇인가를 고민하여 회사의 비즈니스 모델이 제대로 작동하기 위한 핵심 Analytics 들을 발굴한다.

CLD의 Theory(가정)을 입증할 만한 Analytics을 찾는다면 Choice → Consequence를 확신할 수 있다.

과목 : 데이터 분석

1. ④

해설 : 데이터 획득은 모델링 단계의 주요 수행 작업

2. ④

해설 : 시뮬레이션을 통해 처리량, 대기시간 등을 통한 정량적 효과를 제시할 필요가 있다.

3. ③

해설 : ① is.na 는 NA가 존재하는 인덱스를 논리벡터 혹은 논리매트릭스로 추출한다.
③ na.omit은 NA가 존재하는 관측치를 제거한다.
④ na.rm은 함수 안에서 (예를들면, mean) 사용되는 옵션으로 해당 함수의 연산 중 NA를 무시하고 진행한다.

4. ④

해설 : 데이터프레임에서 변수를 벡터로 추출할 때는 [[index]],[["변수명"]], $변수명 등을 사용하고 변수를 데이터프레임으로 추출할 때는 [index], ["변수명"]을 사용한다.

5. ①

해설 : 벡터의 연산에서 길이가 다르면 길이가 큰 쪽의 길이에 맞추고 짧은 쪽은 길이가 맞을 때까지 원소를 다시 사용한다.
x<-c(1, 2, 3); y<-c(2, 1, 2, 3, 3); x+y = (1+2, 2+1, 3+2, 1+3, 2+3)

6. ①

해설 : apply(data, 1, 통계량) : data의 행을 기준으로 통계량을 계산
apply(data, 2, 통계량) : data의 열을 기준으로 통계량을 계산
apply(trees,1,mean)는 각 행의 평균을 산출한다. apply(trees,2,mean) 가 각 열의 평균을 산출하는 옳은 명령어이다.

7. ②

해설 : 집단 A와 집단 B의 분포는 산포(spread)에서 차이가 두드러진다. 따라서 산포측도를 이용하면 두 집단 간의 차이를 잘 비교해 볼 수 있다. 사분위수 범위는 산포의 측도이며, 평균, 중앙값 등은 위치측도이다.

8. ④

　　해설 : 탐색적 자료분석을 통해서 자료의 원인과 결과 여부를 알 수 있는 것은 아니다.

9. ①

　　해설 : 명목척도는 측정 대상이 어느 집단에 속하는지 분류할 때 사용하는 척도로써 성별, 출신지 등이 이에
　　　　 해당하는 대표적인 변수 형태이다. 이들 척도는 중앙값을 사용하지 않는다.

10. ③

　　해설 : 주성분의 설명하는 정도는 Cumulative Proportion의 열을 보면 알 수 있다.
　　　　 Comp.2 까지 사용하면 자료의 62.7% 정도를 설명할 수 있기 때문에 Comp.3 (76.5%)까지 사용해야
　　　　 70% 이상 자료를 설명할 수 있다. 따라서 최소 3개의 주성분이 필요하다.

11. ①

　　해설 : AR 계수는 ar1 아래　MA 계수는 ma1 아래를 보고 알 수 있다.

12. ①

　　해설 : 지원자 수는 상자의 상대적인 가로 너비로 판단 가능하다. 지원자 수가 가장 많은 학과는 C이며,
　　　　 지원자 수가 가장 적은 학과는 B이다.

13. ④

　　해설 : 독립변수의 수와 변수에 대한 영향력 비교는 무관하다.

14. ④

　　해설 : 함수 melt()의 argument에는 요약을 할 수 있는 함수적용이 불가하다.

15. ③

16. ①

　　해설 : R의 reshape 패키지는 melt() 와 cast() 함수를 제공하며, 이를 통해 데이터 구조를 쉽게 변경할
　　　　 수 있다.

17. ③

　　해설 : 의사결정나무 알고리즘은 비정상적인 잡음데이터에 대해 민감하지 않다.

18. ③

해설 : 감마계수는 연관성측도이다.

19. ④

해설 : K-평균 군집 분석은 비지도학습(unsupervised learning)에 해당된다.

20. ④

해설 : 계층적 구조를 보여주는 분석은 hierarchical clustering 방법이며, kmeans는 nonhierarchical clustering 방법이다.

단답1. boxplot(score ~ gender, data)

단답2. 편상관(partial correlation)

단답3. 다차원척도법(Multidimensional Scaling)

단답4. y = −8.992039 + 6.217956 x1 + 0.011048 x2

21. ①

해설 : P(A|B)를 계산하면 (2/5)/(3/5)이다. 즉, 신뢰도는 상품 B를 구매한 사람들 중에서 상품 A를 동시에 구매한 사람의 비율을 나타내는 것이므로 상품 B를 구매한 장바구니1, 3, 4 중에서 상품 A를 구매한 사람은 장바구니 1, 4 이므로 신뢰도는 2/3 이다.

22. ④

해설 : 데이터마이닝 기법은 목표변수가 존재하는지에 따라 교사학습법(Supervised Learing, 존재), 비교사학습법(Unsupervised Learnig, 비존재)으로 나뉜다.
1) 과거 소비자의 대출여부(0, 1)가 목표변수이므로 교사학습법에 해당
2) 기존고객이 구매 패턴에 따라 A, B, C 그룹 등으로 분류가 되어 있기 때문에 고객 그룹이 목표변수가 되므로 교사학습법
3) 기존회사들의 파산여부(0, 1)가 목표변수이므로 교사학습법
4) 비슷한 성함을 가진 고객들의 유사도에 근거하여 고객군집을 만들어서 고객 타케팅에 활용하므로 목표변수가 존재하지 않는다. 따라서 비교사학습법을 사용해야 한다.

23. ②

해설 : 형태소분석 단계를 거친다고 해서 사전이 자동으로 생성되지는 않는다.

24. ④

해설 : 워드클라우드는 용어-문서(Term-Document) 행렬을 이용하여 작성된다.

25. ④

26. ①

해설 : 일반적으로 오피니언 마이닝은 SNS나 블로그에서 데이터를 수집하는 크롤링 → 수집된 데이터 중 유용한 문서만을 선택하는 필터링 → 자연어 처리를 수행하는 NLP → 긍/부정 감성어를 추출하는 감성분석 순으로 진행된다.

27. ④

해설 : ① degree
② eigenvalue centrality
③ closeness
④ betweeness

28. ④

해설 : 선형계획법은 최적화기법 중에서 가장 많이 활용되는 기법으로서 특히 최적화를 시키기 위한 함수를 선형으로 표현하는 것을 선형계획법이라 한다.

29. ④

해설 : 이분법은 방정식의 근을 찾는 방법 중 하나이다.

30. ①

해설 : 빅데이터 분석 프로세스는 "요건정의 → 모델링 → 검증 및 테스트 → 적용" 단계로 나눌 수 있다.

31. ②

해설 : 모델링과 마찬가지로 데이터도 빠르게 원시모형을 만들어 모델링에 적용해보고, 좀 더 정교하게 만들어 확인하고 개선해야 한다.

32. ③

해설 : 요건을 정의하는 단계에서는 제시된 내용에 대한 사실을 확인하고 방향성을 설정하는데 필요한 수준이면 된다. 따라서 요건정의에 너무 많은 시간을 할당하면 전체 업무 진행에 차질이 따를 수 있다.

33. ④

해설 : x가 숫자형이 아니고 fcator 형 인자이므로 mean 함수를 사용하면 에러가 발생된다.

34. ①

해설 : data frame은 숫자형과 문자형 벡터를 동시에 변수로 포함할 수 있다.

35. ①

해설 : apply(A,1,mean) 은 각 행의 평균을 계산한다. 각 열의 평균을 계산하기 위해서는 apply(A,2,mean)을 사용해야 한다.

36. ①

해설 : paste 함수는 문자열 혹은 벡터들을 지정된 구분자를 사용해 결합한다.

37. ②

해설 : 상관분석은 두 변수간의 관계를 알아보기 위한 것이다. 상관계수가 1에 가까울수록 양의 상관관계를 갖게 되고 −1에 가까울수록 음의 상관관계를 갖게된다.

38. ③

39. ②

해설 : norm 앞의 p가 누적분포함수를 나타낸다.
각 분포함수에서 "d : 확률값, p : 누적확률값, q : 백분위수, r: 난수발생" 의 목적으로 분포함수명 앞에 붙여서 사용한다.

40. ③

단답5. ROC(Receiver Operating Characteristic) 그래프

단답6. 연관성분석 (association analysis, association rule, 장바구니분석, 서열분석)

단답7. 응집분석(agglomerative analysis) 또는 병합적분석

해설 : 군집 방법은 계층적방법과 비계층적방법으로 나눌 수 있으며 계층적 방법은 응집분석(agglomerative)과 분할분석(divisive analysis)으로 나눌 수 있다.

단답8. 신뢰도(Confidence)

해설 : 신뢰도는 원인이 발생했을 때 결과가 발생할 가능성을 나타낸다. 즉, 연관규칙 A→B의 신뢰도는 A가 발생했을 때 B가 발생할 조건부확률이라고 생각할 수 있다.

41. ①

해설 : 카이제곱검정은 분류조합에 따라 측정값에 유효한 차이가 발생하는 지를 검정하는 것으로 명목 척도로 측정된 두 속성이 서로 관련되어 있는지 분석하고 싶을 때 사용하는 통계분석방법이다.

42. ②

해설 : t-분포와 Z-분포는 평균 검정에 사용하는 분포이며, 분산 검정은 F-분포 검정을 사용한다.

43. ④

해설 : 가설검정에서는 제 1종 오류의 크기를 고정시킨 후 기각역을 설정한다.

44. ④

해설 : 선형관계의 성립 유무는 회귀분석 결과가 아닌 산점도나 잔차도를 통해 파악한다.

45. ④

해설 : 단순회귀분석에서는 r-square의 루트값에 기울기의 부호를 붙인 것이 피어슨 상관계수이다.

46. ④

해설 : 잔차들의 독립성은 잔차도를 통해 확인할 수 없다.
잔차의 독립성은 잔차대 순서(Residual vs Order) 그래프에서의 패턴을 보고 판단한다. 독립성은 y의 변화에 따라 오차가 어떤 패턴을 나타내서는 안되며 서로 다른 x 값에서 나타나는 오차들은 서로 상호관계 없이 독립적이어야 한다. 시계열 자료에서 잔차의 독립성 가정에 대한 검토는 Durbin-Watson 통계량을 이용하여 검정을 실시한다.

47. ②

해설 : 산점도는 두 개의 변량(變量) 사이의 동시 분포를 평면상에 그림으로 나타낸 것으로 이를 통해 두

48. ①

해설 : 크루스칼(Kruskal)의 스트레스값을 이용하여 결과의 신뢰성과 타당성, 즉 적합성을 검증할 수 있다. Stress값은 응답자의 인식과 지각도 맵상 자극점들 간의 불일치 정도를 나타내는 것으로 일종의 오차의 크기를 나타내는 지수이다.

49. ②

해설 : 회귀분석은 독립변수가 종속변수에 미치는 영향력의 크기를 파악하여 독립변수의 특정한 값에 대응 하는 종속변수 값을 예측하는 선형모형을 산출하는 방법이다.

50. ①

해설 : 시계열 자료는 현 시점의 자료가 과거의 자료에 의존하는 형태를 모형화 한다.

51. ②

해설 : ACF가 서서히 감소하고 PACF가 시점 2 이후로 절단점을 가지므로 ARMA(2,0)이 적절하다.

52. ④

해설 : Comp.2에 해당하는 cumulative proportion이 0.956이므로 1−0.956=0.044만큼의 정보손실이 있다.

53. ④

해설 : 주성분분석에서 주성분의 개수를 선택하는 방법은 다음과 같다.
   1) 전체 변이의 공헌도 (percantage of total variance)
   2) 평균 고유값 (avergae eigenvalues)
   3) 스크리 그래프 (scree plot)

54. ②

해설 : 기존 데이터와 동떨어진 데이터를 이상치라고 하지만 이상치가 실제 오류인지에 대해서는 어떤 통계적 이론도 설명하지 못한다. 통계 기법은 이상치의 후보를 제공하고 최종 이상치의 판단은 실무자들이 하는 것이 바람직하다.

55. ③

해설 : 군집분석을 이용하여 다른 데이터들과 거리상 떨어진 데이터를 이상치로 판정한다. 회귀분석에서는 설명변수의 동일수준의 다른 관측치에 비해 종속변수의 값이 상이한 점을 이상치로 판정한다.

56. ②

> 해설 : 고객 성향 변수들을 이용하여 고객군을 세분화한다. 군집분석은 종속변수가 필요없는 대표적인 비지도 학습법이다.

57. ③

> 해설 : 구축된 모델의 과잉 또는 과소맞춤 등에 대한 미세조정을 위한 데이터는 검정용 데이터이다.

58. ②

> 해설 : 데이터마이닝 알고리즘은 크게 지도학습모형(Supervised Learning Model)과 비지도학습모형 (Unsupervised Learning Model)으로 나뉘는데, 예측하고자 하는 목표변수의 존재 여부에 따라 목표변수가 있으면 지도학습모형이고 없으면 비지도학습모형이 된다.

59. ④

> 해설 : 회귀나무모형은 의사결정나무모형 중에서 목표변수가 연속형일 때 사용하는 알고리즘이다.

60. ④

> 해설 : 고객군(cluster)의 분류는 예측의 문제가 아니라 설명변수들을 이용하여 세분군으로 분류(classification) 하는 문제에 해당한다.

단답9. 정확도 = a/(a+b), 재현율 = a/(a+c)

단답10. 계절요인

단답11. 21.4

> 해설 : $-17.5791 + 3.9324 \times 10 = 21.4$

단답12. 자기회귀이동평균모형 (ARMA)

> 해설 : 과거 시점의 관측자료의 선형결합으로 표현하는 것이 자기회귀(AR)모형
> 과거 시점의 백색잡음의 선형결합으로 표현하는 것이 이동평균(MA)모형
> 위의 두 모형의 합친 것이 자기회귀이동평균(ARMA)모형이다.

61. ②

해설 : SVM의 특징은 다음과 같다.
1) 주어진 문제에 대해 자동으로 최적의 커널을 선택하는 알고리즘은 없다.
2) 커널과 관련된 매개변수를 다양하게 설정하여 성능을 실험하고 그 중 가장 뛰어난 값을 선택하는 휴리스틱한 방법을 사용한다.
3) 최적 파라미터 설정 방법이 없다.

62. ③

해설 : distance 측도로는 Euclidean distance를 가장 널리 사용하지만, 관측 단위의 영향을 없애기 위한 Standardized distance가 일반적인 해법이며, 변수들 간에 상관관계가 있다고 판단될 때는 Mahalanobis distance를 사용한다.

63. ①

해설 : 그림은 계층적 군집방법의 결과를 나타내는 Dendrogram이다.

64. ②

65. ④

해설 : Sparsity 72%는 60개 entry 중 43개의 entry가 0으로 표시되어 43/60으로 계산된다. 즉 72%의 entry가 0이라는 의미이다.

66. ④

해설 : 영향력이 높은 사람과의 단 하나의 연결이 그렇지 않은 사람 다른 여러 사람과의 관계를 맺는 경우보다 자신의 영향력을 키울 수 있다. 위세중심성의 일반적인 형태로는 보나시치(Bonacich) 권력지수가 있다.

67. ③

해설 : 확률적 시스템을 시뮬레이션 할 때는 여러 개의 표본을 추출해 통계처리를 해야 한다.

68. ①

해설 : R 의 set.seed() 함수는 난수가 항상 동일하게 발생되도록 초기화하는 함수이다.

69. ③

해설 : 데이터 분석 요건 도출 단계는 다음과 같다. "이슈 리스트 작성 ➔ 핵심 이슈 정의 ➔ 이슈 그루핑 ➔ 해결 방안 정의"

70. ④

해설 : 이 단계에서는 지나친 상세화보다는 기초분석자료와 정보를 기반으로 분석요건 항목을 누락없이 식별하는 것에 집중해야 한다.

71. ④

해설 : 이 단계에서의 시각화는 정보를 효율적인 방식으로 제시한다는데 의미가 있지 전문적인 시각화를 의미하지 않는다.

72. ②

해설 : 지지도(Support)는 연관성규칙에서 사용되는 측도로써 전체 거래항목 중 항목 A와 항목 B가 동시에 포함되는 거래의 비율

73. ①

해설 : 실제 운영상황에서 성능 테스트는 사전 시나리오를 따라 1주일 정도 실시할 것을 권장한다.

74. ③

해설 : 데이터마트는 조회를 이용한 분석들 OLAP, 리포팅 등에도 활용할 수 있어서 분석업무에 대한 운영적 측면에서 활용성이 높다.

75. ①

해설 : Diet는 factor로 인식되어 있다.

76. ②

해설 : 계통추출법은 단순랜덤추출법의 변형된 형태이다.

77. ③

해설 : 구간척도는 측정 대상이 가지고 있는 속성의 양을 측정하는 것으로 측정결과가 숫자로 표현되나 해당 속성이 전혀 없는 상태인 절대적인 원점이 없다. 온도, 지수 등이 구간척도에 해당된다.

78. ④

해설 : 일반적으로 가설검정에서는 제1종 오류의 크기를 0.01 등으로 고정시킨 뒤 제2종 오류가 최소가 되도록
기각역을 설정한다.

79. ②

해설 : 두 모집단의 평균을 비교하기 위해 비교 대상의 쌍들을 조사하고 각 쌍내의 차를 이용하여 추론하는
방법은 대응비교라고 한다.

80. ③

해설 : 명목척도는 측정대상이 어느 집단에 속하는지 분류할 때 사용되는 척도로, 성별 구분, 출생지 구분
등이 명목척도에 해당된다.
나이는 비율척도이다. 비율척도는 절대적 기준인 0 값이 존재하고 모든 사칙연산이 가능하다. 무게,
나이, 소득, 가격 등 숫자로 관측되는 일반적인 자료의 특성이 비율척도에 해당된다.

단답13. 정상성(stationarity)

단답14. 가공

해설 : 목적 설정 → 데이터 준비 → 가공 → 기법 적용 → 검증

단답15. 86.75%

해설 : pc2에 해당하는 cumulative proportion

단답16. 사회연결망 분석 (SNA: Social Network Analysis)

81. ④

해설 : 지수분포는 연속형 확률분포이다.

82. ①

해설 : 신뢰수준이 올라가면 신뢰구간은 길어진다.

83. ①

해설 : 상관계수는 등간척도 이상으로 측정되는 두 변수간의 상관관계를 측정하는 피어슨 상관계수와 서열
척도인 두 변수간의 상관관계를 측정하는데 사용하는 스피어만 상관계수가 있다.

84. ④

해설 : df=18이 의미하는 바는 자유도(df, degree of freedom)이지 전체 자료의 개수는 아니다.
df=(총 자료의 수 - 2) 이다.

85. ②

해설 : 가장 유의하지 않은 (즉, p-value가 가장 큰) Examination을 제거해야 한다.
Pr(>|t|) 열 아래에 있는 값들이 각 변수의 유의 정도를 나타내는 값이다. *의 개수가 많을수록 해당
변수가 매우 유의하다는 것을 나타낸다.

86. ①

해설 : 산점도가 어떤 방향성도 보이지 않으므로 상관계수 0으로 예측된다.
상관계수는 -1과 1사이의 값을 가지며, x가 증가할 때 y의 값이 증가하는 경우 양의 값을 보이며,
x가 증가할 때 y의 값이 감소하면 음의 값을 보인다.

87. ③

해설 : female의 기울기가 더 급하므로 female에게 drug의 효과가 더 큰 것을 알 수 있다

88. ④

해설 : 데이터 간에 상관관계가 있는지 시각적으로 확인하는 것이 목적이지 인과관계를 파악하고자 하는
것이 아님

89. ②

해설 : 종속변수가 아니라 잔차가 정규분포를 따른다고 가정

90. ②

해설 : 원 변수의 선형 결합인 주성분분석 등을 통해 변수를 통합하기도 한다.

91. ④

해설 : 상관분석은 두 변수간의 연관 정도를 나타낼 뿐 인과관계를 설명하는 것은 아니다.

92. ③

해설 : p-값(p-value)은 귀무가설이 옳다는 전제하에서 현재의 표본으로부터 구한 통계치 보다 절대값으로
비교하여 같거나 더 큰 값을 갖는 통계량 값을 또 다른 표본으로부터 얻을 수 있는 확률을 말한다.

93. ③

해설 : 잡음(noise)은 무작위적인 변동으로 보통 알 수 없는 이유로부터 발생한다.

94. ②

95. ②

해설 : qqplot이 45도 직선과 가까울수록 자료가 정규분포를 따름을 의미한다.

96. ④

해설 : 기존 데이터와 동떨어진 데이터를 이상치라고 하지만 이상치가 실제 오류인지에 대해서는 어떤 통계적
이론도 설명하지 못한다. 통계 기법은 이상치의 후보를 제공하고 최종 이상치의 판단은 실무자들이
하는 것이 바람직하다.

97. ①

해설 : R에서 결측값은 NA로 표시된다.
NaN은 수학적으로 불가한 수를 표시할 때 사용하며, NULL은 데이터 유형과 자료의 길이도 0인
비어 있는 값을 나타낸다.

98. ②

해설 : R의 klaR은 분류와 시각화를 위한 패키지이며, party 역시 의사결정나무분석을 위한 패키지이다.

99. ④

해설 : 분류분석은 군집분석과 달리 각 계급이 어떻게 정의되는지 미리 알아야 한다.

100. ①

해설 : 분류(classification)는 이산형의 결과를 다루며 추정(estimation)은 연속형 값을 가지는 결과를 다룬다.

단답17. 지지도=0.5(또는 50%) 신뢰도=0.75(또는 75%)

해설 : "콜라→맥주"의 지지도 = 콜라와 맥주를 포함하는 거래 수 / 전체 거래 수 = 3/6 = 0.5
"콜라→맥주"의 신뢰도 = 콜라와 맥주를 포함하는 거래 수 / 콜라를 포함한 거래 수 = 3/4 = 0.75

단답18. buzz 분석 또는 buzz량 분석

단답19. 16.5

해설 : [,1] [,2] [,3] [,4]

　　[1,]　　1　　4　　7　　10

　　[2,]　　2　　5　　8　　11

　　[3,]　　3　　6　　9　　12

apply(x, 1, mean)은 matrix x 의 행의 평균값인 5.5, 6.5, 7.5 이다.

apply(x, 2, mean)은 matrix x 의 열의 평균값인 2, 5, 8, 11 이다.

따라서 5.5+11=16.5

단답20. 잔차분석(analysis of residual)

101. ③

해설 : 데이터의 양이 충분하지 않은 경우 모형을 평가하는 방법에는 CV(cross validation)가 많이 쓰인다.

102. ④

해설 : 의사결정 나무 방법으로 인과관계를 증명할 수는 없다.

103. ③

해설 : 의사결정나무 분석은 분류, 예측, 자원축소 및 변수선택, 교호작용효과의 파악 등을 위해 사용된다. 고객을 여러 개의 배타적인 집단으로 구분하는 것은 군집분석을 통해 이루어진다.

104. ②

해설 : 45도 선에 가까울수록 좋지 않은 결과를 나타낸다.

105. ④

해설 : dendrogram은 계층적군집화 방법에서 가능한 결과물이다.

106. ③

해설 : 3은 후진제거법의 특징이다.

　　모든 가능한 조합의 회귀분석은 모든 가능한 독립변수들의 조합에 대한 회귀모형을 고려해 AIC나 BIC의 기준으로 가장 적합한 회귀모형을 선택하는 방법이다.

107. ④

해설 : ■ 차원축소 – 고차원의 자료를 변수들 간의 선형 또는 비선형 결합으로 생성된 기존 변수들보다 적은 수의 새로운 변수들로 근사시키는 기법

■ 고차원회귀분석 – 독립변수의 개수가 관측치 개수에 비례해서 증가하거나 매우 많은 경우 종속변수에 영향을 미치는 적은 개수의 독립변수의 선형 결합으로 종속변수를 예측하는 기법

■ 최적화 – 주어진 제약조건 하에서 달성하고자 하는 목표를 이루기 위한 의사결정 문제를 모형화하고 이에 대한 해를 구하기 위한 기법

108. ③

해설 : 벡터의 인덱스로 양의 정수와 음의 정수를 섞어 쓸 수 없다.

109. ①

110. ③

해설 : 연산자 우선순위에 대한 이해도를 측정하는 문제.

111. ③

해설 : 모두 시작이 1이고, 길이가 5인 벡터를 생성하는 명령들이다. 3번 명령만 5번째 값이 10이고 나머지는 모두 9이다.

112. ④

113. ④

해설 : 마지막 변수 Species는 세 개의 값을 갖는 팩터이다. 그리고 각 팩터의 값은 50개의 관측치들을 갖는다.

114. ③

해설 : horsebean 보다 meatmeal의 상자그림이 가장 긴 것으로 보아 meatmeal의 분산이 더 클 것이다.

115. ④

해설 : Admit plot의 Rejected 막대 그래프에서 Male의 막대 높이가 Female의 막대 높이 보다 높다. 이는 불합격자 중 남성의 비율이 더 높다는 것을 나타낸다.

정답 및 해설

116. ③

　　해설 : 카이제곱검정의 귀무가설은 "흡연빈도와 운동량은 서로 독립이다."이다.
　　　　　카이제곱검정은 동질성검정이나 독립성검정을 하기 위한 검정법이다.

117. ③

118. ④

　　해설 : 유의확률이 작을수록 귀무가설에 대한 반증이 강한 것을 뜻한다.

119. ②

　　해설 : 상관행렬에서 가장 큰 값은 1이지만, 그 값은 각 변수들이 자기자신과의 상관계수 값이다.

120. ④

　　해설 : reshape 패키지 사용 능력을 측정.

단답21. 0.182

　　해설 : 2 밑의 값을 읽으면 된다.

단답22. 지지도=0.6 신뢰도=0.75

　　해설 : 지지도 = (빵과 우유 가 동시에 포함된 거래수) / 전체거래수　 = 3/5 =0.6
　　　　　신뢰도 = (빵과 우유 가 동시에 포함된 거래수) / 빵을 포함하는 거래 수 = 3/4 =0.75

단답23. 어프라이어리(apriori) 알고리즘

　　해설 : 최소지지도를 갖는 연관규칙을 찾는 대표적인 방법은 Apriori 알고리즘이다. 최소지지도보다 큰 집합
　　　　　만을 대상으로 높은 지지도를 갖는 품목집합을 찾는 것이다.

단답24. 시뮬레이션

121. ②

　　해설 : hist() - 히스토그램
　　　　　ggmap() - 지도 기반 시각화

122. ④

해설 : ROC는 분류모형평가를 위해 사용된다.

123. ③

해설 : 습한 날이 108일 이상인 지역에서 오염도 차이에 가장 큰 영향을 주는 변수는 기온(Temp)이다.

124. ①

해설 : k-means는 군집방법과는 달리 한 개체가 속해있던 군집에서 다른 군집으로 이동해 재배치가 가능하다.

125. ③

126. ④

127. ④

해설 : Opinion Mining 은 흔히 감성분석(Sentiment Analysis)이라고도 하며, 문장의 긍정, 부정 유무를 평가한다.

128. ②

해설 : 읽어 들인 문서를 plain text 전환, space 제거, lowercase 변환, punctuation 제거, stopword 처리, stemming 등을 먼저 처리한 다음에 term document matrix를 생성한다.

129. ④

해설 : gden()은 네트워크의 밀도를 계산하는 함수임 (총 연결선 수: 7, 가능한 총 수: 20, 밀도 = 7/20)

130. ①

해설 : "."다음에 숫자가 나오면 안된다.

131. ④

해설 : 빅데이터의 시각화 측면에서는 모든 데이터를 살펴보는 것에 제약이 따르기 때문에 시각화의 기술적인 요소와 더불어 데이터를 요약하고, 한 눈에 살펴볼 수 있도록 돕는 시각화 방법론적 요소의 중요성이 커지고 있다.

132. ②

해설 : 데이터 프레임은 list의 구조를 가진다.

133. ③

해설 : 측정대상이 가지고 있는 속성의 양을 측정하여 숫자로 표시되나 절대적인 원점이 없어 두 값 사이의 비율이 의미가 없는 것이 구간척도이다.

134. ③

해설 : 다중회귀분석에서 표준화계수와 비표준화 계수의 차이는 분석을 위한 입력자료의 표준화 여부로 구분된다. 비표준화계수는 측정 단위와 분포의 평균에 따라 달라지기 때문에 표준화계수의 크기로 독립변수가 종속변수에 미치는 상대적 영향력을 살펴보아야 한다.

135. ①

해설 : 주성분 분석은 변수 간의 상관관계가 높은 변수들을 선형결합하여 변수를 축약하는 방법이다.

136. ②

해설 : 제 1종 오류는 귀무가설이 사실인데 이를 기각하는 오류이고, 제2종 오류는 귀무가설이 옳지 않은데 이를 채택하는 오류를 말한다.

137. ②, ③

해설 : 상관계수는 표준화된 공분산으로 두 변수간의 선형적인 관계 정도와 방향을 수학적인 수치로 정량화하여 표시하는 지수이다.

138. ①

해설 : 회귀분석의 정규성 가정은 종속변수가 정규분포를 이루는 것이 아니라 잔차항이 정규분포를 이루는 것을 나타낸다.

139. ④

해설 : 새로운 변수가 추가될 때 기존 변수의 중요도가 약해질 수 있으므로 그러한 변수를 제거하는 방법이 단계별선택법(stepwise selection)이다.

140. ④

해설 : 더미변수의 계수가 0이면 두 그룹의 무게 차이가 없고 0이 아니면 두 그룹의 무게 차이가 있다. groupTrt의 계수의 p-value가 0.249이므로 계수가 0이라는 귀무가설을 기각하지 못하여 두 그룹의 차이가 없다는 결론이다.

단답25. NaN

해설 : NaN은 수학적으로 불가한 수를 표시할 때 사용한다.
R에서 0/0, Inf-Inf 등은 NaN으로 표현한다.

단답26. 중위수 (중앙값, median)

단답27. 회귀나무 또는 회귀나무모형 또는 regression tree

해설 : 이산형 타깃변수를 예측하는 의사결정나무는 classification tree라 한다.

단답28. corpus

해설 : Corpus 는 텍스트마이닝에서 더 이상의 추가적인 절차 없이 데이터마이닝 알고리즘 실험에서 활용될 수 있는 상태를 의미하며, 문서들의 집합이다.

141. ③

해설 : 모분산이 알려져 있지 않은 경우 t통계량을 사용한다.

142. ①

해설 : 모든 가능한 독립변수들의 조합에 대한 회귀모형을 고려해 AIC나 BIC의 기준으로 가장 적합한 회귀모형을 선택하는 방법이다.

143. ④

해설 : 합이 1인 양수로 나타낸다.

144. ④

해설 : 데이터 간에 상관관계가 있는지 시각적으로 확인하는 것이 목적이지 인과관계를 파악하고자 하는 것이 아님

145. ③

해설 : 자기상관이 유의하지 않으므로 잔차가 독립이라고 가정할 수 있다.

146. ④

해설 : 첫 세 개의 주성분(Comp.3)의 Cumulative Proportion 은 0.7448981로써 74.5%의 분산을 설명한다.

147. ①

　해설 : 관측치가 미리 정의된 어떤 그룹에 속하는지 예측하는 데는 분류분석을 활용한다.

148. ②

　해설 : 로지스틱 회귀모형의 계수의 exp값은 승산비(odds ratio)를 의미한다.

149. ③

　해설 : 3번은 총화추출법에 대한 설명이다.

150. ③

　해설 : 두 변수 사이에 직선의 관계가 약한 것을 시사하는 것이지 아무 관계가 없다는 것을 뜻하는 것은
　　　　아니다.

151. ④

　해설 : 기존 데이터와 동떨어진 데이터를 이상치라고 하지만 이상치가 실제 오류인지에 대해서는 어떤 통계적
　　　　이론도 설명하지 못한다. 통계 기법은 이상치의 후보를 제공하고 최종 이상치의 판단은 실무자들이
　　　　하는 것이 바람직하다.

152. ②

　해설 : 두 모집단의 평균을 비교하기 위해 비교 대상의 쌍들을 조사하고 각 쌍내의 차를 이용하여 추론하는
　　　　방법은 대응비교라고 한다.

153. ③

　해설 : 잡음(noise)은 무작위적인 변동으로, 보통 알 수 없는 이유로부터 발생한다.

154. ④

　해설 : 상관계수로는 변수의 상관관계와 그 정도를 파악, 회귀식의 설명력을 확인할 때는 결정계수를
　　　　이용한다. 결정계수는 0에서 1의 값을 가지며, 높은 값을 가질수록 추정된 회귀식의 설명도가 높다.

155. ④

　해설 : 서로 독립이다.

156. ①

　해설 : wt는 유의수준 0.1에서 유의하다.

157. ②

　해설 : 사분위수 자체는 중심위치를 나타내는 대푯값이며, 사분위수 범위는 표본의 산포를 나타낸다고 본다.

158. ④

　해설 : ④번은 모수적 방법

159. ④

　해설 : 잔차제곱합이 6891.9인 모형은 climb과 dist를 포함한 모형이다.

160. ①

　해설 : 독립변수만 분석에 사용한다.

단답29. y = −8.992039 + 6.217956 x1 + 0.011048 x2

　해설 : lm 객체의 결과를 보고 회귀모형을 읽어내는 방법을 익힌다.

단답30. **선형계획법(LP; Linear Programming)**

단답31. **표본(sample)**

단답32. **74.6%**

　해설 : PC2의 Cumulative Proportion 이 0.746 이므로 2개의 변수로 축약할 때 전체 분산의 74.6%가 설명
　　　　가능하다.

161. ③

　해설 : 경제적이나 자연적인 이유가 없이 알려지지 않은 주기를 가지고 자료가 변화할 때 순환요인이 있다고
　　　　한다.

162. ③

　해설 : ozone과 wind는 음의 상관관계가 있다.

163. ③

해설 : 중간노드의 개수: 2

모형에 대한 설명변수: Sepal.Length, Sepal.Width, Petal.Length, Petal.Width

관찰치 중에 Petal.Length가 1.9 이하인 경우: 50개

164. ③

해설 : 연관분석의 전형적인 예이다.

165. ④

해설 : 비계층적 군집방법은 각 단계에서 군집의 형태가 바뀌어 질 수 있기 때문에, 군집화가 단계마다 변할 수 있는 장점이 있다.

166. ②

해설 : 신경망모형의 분류결과에 대해서 왜 그렇게 되었는지 설명할 수 없는 블랙박스 형태라서 해석할 수가 없는 점이 신경망 모형의 단점이다.

보기 ②번은 의사결정나무의 장점이다.

167. ③

해설 : 속성의 양을 측정하는 척도이다.

168. ②

해설 : ① 연결정도중심성(Degree centrality) : 한 점에 직접적으로 연결된 점들의 합으로 얻어지며, 한 점의 포인트 중심성을 측정하는 방법

③ 매기중심성(Betweenness centrality) : 네트워크 내에서 한 점이 담당하는 매기자 혹은 중재자 역할의 정도로서 중심성을 측정하는 방법

④ 위세중심성(Eigenvector centrality) : 연결된 노드의 중요성에 가중치를 둬 노드의 중심성을 측정하는 방법

169. ④

해설 : Diet변수를 numeric이 아닌 factor 로 변환해야 한다.

170. ①

해설 : 변수들의 측정단위에 매우 민감하다.

171. ③

해설 : ③은 분류분석으로 해결할 수 있는 비즈니스 문제임.

172. ①

해설 : A와 B가 서로소 일 때, $P(A \cap B) = 0$가 성립한다.

173. ②

해설 : 잔차표준오차(residual standard error)가 오차의 표준편차의 추정량이다.

174. ③

해설 : placebo 와 treatment 그룹의 막대의 가로 너비가 일정하므로 그 비율이 일정하게 유지 됨을 알 수 있다.

175. ④

해설 : 풍속이 낮은 부분의 원이 작은 것은 대기오염 정도가 낮다는 것을 의미한다.

176. ①

해설 : ②번은 특이도(specificity), ③번은 정확도(precision), ④번은 거짓부정률(false negative rate)이다.

177. ②

해설 : 두 변수의 상관관계는 위의 기술통계량으로 알 수 없다.

178. ②

해설 : 유사한 관측치들끼리 그룹화 시키는 분석은 군집분석 이다.

179. ①

해설 : Corpus 는 텍스트마이닝에서 더 이상의 추가적인 절차 없이 데이터마이닝 알고리즘 실험에서 활용될 수 있는 상태를 의미하며, 문서들의 집합이다.

180. ③

해설 : 팩터 레벨이 5개만 나와있지만 실제로는 더 많다. 다른 값에 147개의 관측치가 있다.

단답33. 스태밍(Stemming)

해설 : 텍스트마이닝의 전처리 과정 참조

단답34. 상관계수(correlation coefficient)

단답35. term document matrix(단어 문서 행렬), 또는 document term matrix(문서 단어 행렬)

해설 : 읽어 들인 문서를 plain text 전환, space 제거, lowercase로 변환, punctuation제거, stopword 처리 stemming 등을 처리한 다음에 문서번호와 단어 간의 사용 여부 또는 빈도수를 이용해 matrix를 만드는 작업이 term document matrix 작업

단답36. 70%

181. ①

해설 : mag ~ 1 모형 다음에 선택된 모형이 mag ~ event 이다.

182. ④

해설 : 3rd quartile이 1.83이므로 약 25%의 관측치가 1.83보다 크다.

183. ②

해설 : 설명변수와 종속변수 간의 인과관계는 모형에 의해 증명되는 것이 아니라 사전 연구에 의한 자료 혹은 실험계획에 의해 보여야 한다.

184. ④

해설 : ARMA 모형은 정상 시계열 모형이다.

185. ①

186. ②

187. ③

해설 : 워드클라우드(Word cloud)는 텍스트마이닝에서 문서에 포함된 단어의 사용빈도를 효과적으로 보여주기 위해 사용하는 방법이다

188. ①

해설 : 중앙값(median) — 데이터를 크기 순으로 나열할 때 가장 중앙에 위치하게 되는 데이터 값

189. ④

해설 : 선형회귀모형을 적합한 후에 확인해야할 가정들은 선형성, 독립성, 등분산성, 비상관성, 정상성 등이 있다.

190. ③

해설 : 첫 세 개의 주성분이 설명하는 분산은 Comp.3 의 Cumulative Proportion 값이다.

191. ①

해설 : 이항분포는 n번의 베르누이 시행에서 성공할 횟수에 대한 분포를 나타낸다. 따라서 이항분포는 이산형 확률변수를 갖는 이산형 확률분포임.

192. ③

193. ①

해설 : 가설검정과정에서는 두 가지 오류가 발생할 수 있다.
- 제1종 오류(Type Ⅰ error) : 귀무가설이 옳은데도 귀무가설을 기각하게 되는 오류
- 제2종 오류(Type Ⅱ error) : 귀무가설이 옳지 않은데도 귀무가설을 채택하게 되는 오류

194.④

해설 : 잔차의 정규성 여부는 Q-Q plot을 통해 확인한다.

195. ①

196. ②

해설 : 계층적 군집분석 기법은 자동적으로 적절한 군집 수를 도출하기 때문에 사전에 군집수를 지정할 필요가 없음.

197. ②

정답 및 해설

198. ④

해설 : nnet 패키지는 신경망 분석을 위한 R 패키지이다.

199. ③

해설 : F-검정은 정규선형모형에서 모형의 유의성에 대한 검정으로 정규분포 가정을 한다.

200. ④

해설 : 앞의 세 가지만이 모집단에서 표본추출하는 방법이다. 깁스추출법은 확률분포로부터 표본을 발생시키는 방법이다.

201. ③

해설 : 추정의 정확도는 판단이 불가능하다.

202. ③

해설 : 비정상 시계열을 변환이나 차분을 통해 정상시계열로 바꾸어 줄 수 있고 이러한 모형 중 하나가 ARIMA 모형이다.

203. ④

해설 : d와 e 사이의 거리가 최단거리이므로 가장 먼저 군집을 이룬다.

204. ④

해설 : 보기 ④번은 신경망 분석의 장점이다.
의사결정나무 모형은 결과의 설명이 용이하고 알고리즘의 모형 정확도가 높으며, 의사결정나무를 만드는 방법도 복잡하지 않다.
알고리즘을 비정상적인 잡음데이터에 대해서도 민감함이 없이 분류할 수 있다.
한 변수와 상관성이 높은 다른 불필요한 변수가 있더라도 크게 영향을 받지 않으나, 불필요한 변수가 많아지면 의사결정나무의 크기가 커질 수 있기 때문에 분류하기 전에 불필요한 변수를 제거하는 작업이 필요하다.

205. ③

해설 : 확률변수는 표본공간 위의 확률을 수의 집합 위의 확률에 대응 시켜준다.

206. ①

해설 : 이상값 중 의도되지 않은 현상이지만 분석에 포함되어야 하는 경우가 있다.

207. ③

해설 : 귀무가설 하에서 계산된 값이다.

208. ④

빅데이터분석기사

국가기술자격

**빅데이터
분석기사**

 과학기술정보통신부   통계청

대용량의 데이터 집합으로부터 유용한 정보를 찾고 결과를 예측하기 위해 목적에 따라 분석기술과 방법론을 기반으로 정형/비정형 대용량 데이터를 구축, 탐색, 분석하고 시각화를 수행하는 업무를 수행하는 전문가

데이터아키텍처

국가공인 민간자격 / 민간자격

데이터아키텍처 전문가
(공인자격 제2019-03호)

효과적인 데이터아키텍처 구축을 위해 전사아키텍처와 데이터 품질 관리에 대한 지식을 바탕으로 데이터 요건 분석, 데이터 표준화, 데이터 모델링, 데이터베이스 설계와 이용 등의 직무를 수행하는 전문가

데이터아키텍처 준전문가
(민간자격 제2008-0307호)

효과적인 데이터아키텍처 구축을 위해 전사아키텍처에 대한 지식을 바탕으로 데이터 요건 분석, 데이터 표준화, 데이터 모델링 등의 직무를 수행하는 실무자

SQL

국가공인 민간자격

SQL 전문가
(공인자격 제2018-02호)

데이터를 조작하고 추출하는데 있어서 정확하고 최적의 성능을 발휘하는 SQL을 작성할 수 있고, 이를 토대로 SQL을 내포하는 데이터베이스 프로그램이나 응용 소프트웨어의 성능을 최적화 하거나, 성능 최적화를 지원할 수 있는 데이터베이스 개체(뷰, 인덱스 등)의 설계와 구현 등의 직무를 수행하는 전문가

SQL 개발자
(공인자격 제2018-02호)

데이터베이스와 데이터 모델링에 대한 지식을 바탕으로 응용 소프트웨어를 개발하면서 데이터를 조작하고 추출하는데 있어서 정확하고 최적의 성능을 발휘하는 SQL을 작성할 수 있는 개발자

데이터분석

국가공인 민간자격

데이터분석 전문가
(공인자격 제2018-01호)

데이터 이해와 처리 기술에 대한 기본 지식을 바탕으로 데이터의 분석 기획, 분석, 시각화 등을 수행하고 이를 통해 프로세스 혁신 및 마케팅 전략 결정 등의 과학적 의사결정을 지원하는 직무를 수행하는 전문가

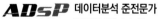

데이터분석 준전문가
(공인자격 제2018-01호)

데이터 이해에 대한 기본 지식을 바탕으로 데이터분석 기획 및 데이터분석 등의 직무를 수행하는 실무자

데이터분석 자격검정 실전문제

2017년 2월 14일 초판 발행
2021년 3월 1일 6쇄 발행

발행처 | 한국데이터산업진흥원
    우)04513
    서울특별시 중구 세종대로9길 42 부영빌딩 8층
    전화) 02-3708-5300 팩스) 02-318-5040
    www.kdata.or.kr

인 쇄 | (사)한국장애인상생복지회
    우)08591
    서울시 금천구 가산디지털1로 24 대륭테크노타운 13차 B102, B103호
    전화) 02-2644-2911

가 격 | 15,000원
ISBN 978-89-88474-85-3